CONFÉRENCES

DE LA

Société des Amis de St=Yves

SECTION DE TOURS

SIEGE SOCIAL :

4, rue de Bordeaux, 4

TOURS

TÉLÉPHONE 7.05

Prix : O fr. 50

———— >I< ————

TOURS

IMPRIMERIE E. ARRAULT ET Cie

6 A 12, RUE DE LA PREFECTURE

—

1911

CONFÉRENCES

DE LA

Société des Amis de St=Yves

CONFÉRENCES

DE LA

Société des Amis de St-Yves

SECTION DE TOURS

SIÈGE SOCIAL :

4, rue de Bordeaux, 4

TOURS

TÉLÉPHONE 7.05

Prix : 0 fr. 50

——————※——————

TOURS

IMPRIMERIE E. ARRAULT ET Cⁱᵉ

6 A 12, RUE DE LA PRÉFECTURE

——

1911

Société d'études philosophiques et psychiques
de Tours

COMPTE RENDU DES TRAVAUX

I

Aimantation. — L'aimant naturel est formé d'un minerai d'oxyde de fer, dit magnétique, qui a la propriété d'attirer la limaille de fer, de chrome, de cobalt, de nickel. La propriété magnétique peut être communiquée à des barreaux de fer et d'acier (aimants artificiels). En plongeant un aimant allongé dans de la limaille de fer, on constate que la limaille s'accumule aux extrémités, d'où l'on déduit un pôle positif, un pôle négatif ei un pôle neutre.

Si on place de la limaille de fer sur une plaque de verre et un aimant au-dessous, on voit se dessiner des lignes particulières formées par la limaille autour des deux centres d'attraction, on voit le *champ magnétique*. Les lignes de force de ce champ se trouvent matérialisées par les houppes de la limaille de fer.

La masse terrestre a aussi une action spéciale sur les corps magnétiques. Un aimant suspendu libre-

ment autour d'un pivot prend toujours la même position, une extrémité dirigée vers le nord, l'autre vers
le sud, d'où diverses applications : boussole, galva-
nomètre, etc.

Questions. — Une personne demande s'il lui serait
possible de voir son fils mort depuis un an. Papus
dépeint le visage, l'âge du disparu, la maladie dont
il est mort, tel qu'il le voit dans le plan astral et
annonce que la mère reverra son fils en rêve. A la
mort, le corps physique, explique-t-il, retourne à la
terre, mais l'âme, l'esprit retourne dans l'astral.
L'âme ne quitte pas le corps aussitôt après la mort,
mais peut rester deux, trois et même quatre jours
encore dans son enveloppe charnelle. Le mort peut
ressentir, voir, entendre tout ce qui se passe autour
de lui.

II

Dégagement d'un fluide des corps. — Dans la
nature, tout dégage des effluves (une aura) qui servent à distinguer les divers corps. Ainsi, le plomb,
l'argent, l'or, l'étain, le mercure, le cuivre, émettent
une aura caractérisée par une odeur *sui generis*. De
même l'homme a son aura, non seulement avec son
odeur mais aussi avec sa couleur *sui generis*, laquelle
permet de déterminer la mentalité et la moralité du
sujet. Ainsi, dans le plan astral, chacun a sa couleur
qui démontre ce qu'il est et non ce qu'il veut paraître.
Donc, les corps minéraux et animaux dégagent une
force, une effluve, un rayonnement analogue à l'élec-

tricité, invisible dans le plan physique, mais visible et mesuré, dans l'astral. Cette force est puisée dans l'atmosphère; les personnes qui ont la main chaude la dégagent avec plus de facilité ; le contraire existe pour une main froide. Une main chaude peut magnétiser, une main froide peut être magnétisée.

Fluide vital ; force psychique. — Cette force entre par la main droite et sort par la main gauche, mais avec une puissance moitié moindre, c'est-à-dire qu'il en reste la moitié dans le corps humain.

Cette force peut être rendue visible par l'expérience suivante : Un fétu de paille *a b* traversant un cylindre de papier (pour éviter les agitations de l'air) est maintenu en équilibre sur la pointe d'une aiguille. En approchant légèrement l'intérieur de la main, on voit l'aiguille dévier de sa position d'équilibre.

Le corps humain est partagé entre trois principes.

1° Le corps physique et matériel ; 2° un principe intermédiaire, le corps astral, parce qu'il tire son essence de la substance interplanétaire ou astrale; 3° l'esprit immortel, le principe spirituel.

Les trois parties du corps humain, le ventre, la poitrine, la tête, correspondent à chacun de ces trois principes, et chacune d'elles a son aura particulière ; aura physique, aura astrale, aura spirituelle. En accumulant la force psychique dans l'une ou l'autre de ces parties, on observe des phénomènes différents.

L'esprit, grâce à la volonté servie par la force nerveuse, peut porter sa force soit dans le cervelet, soit dans le cœur, soit dans le corps physique. Par l'intermédiaire d'un médium, on pourra faire naître d:s effets céphaliques, des effets cardiaques, des effets solaires. Grâce à ce rayonnement des principes de l'être humain, on peut expliquer beaucoup de phénomènes tels que les sympathies ou les antipathies subites lors de la première rencontre de deux êtres, les intuitions et les prévisions dites inconscientes, etc.

L'occultiste entraîné, c'est-à-dire qui a développé ses facultés de perception de l'invisible, se rend compte à première vue de la valeur d'un être humain, non d'après son aspect extérieur, mais d'après son rayonnement invisible.

Questions. — Chacun peut soulager un malade par un effort de volonté. Les soins doivent être donnés avec le cœur et non de façon indifférente. Il faut soigner le malade comme si on soignait son propre enfant, avec amour et non avec brusquerie. Si votre pouvoir magnétique est développé, il ne faut pas brusquer les passes, par exemple, en lançant le poing, car alors on fait plus de mal que de bien au patient. Tout s'inscrit dans l'invisible, les bons et les mauvais procédés. La personne, citée plus haut, n'a pas vu son fils dans ses rêves ; d'ailleurs, elle ne se rappelle pas le lendemain de l'objet de ses rêves. Papus dit qu'avec un effort de volonté, le résultat sera obtenu.

III

Le fluide magnétique que chacun possède naturellement et peut développer par entraînement, donne

lieu à diverses expériences d'hypnotisme, de suggestion, très intéressantes. L'influence du magnétiseur
s'exerce sur un sujet de médium. Pour endormir un
sujet, on fait des passes verticales de haut en bas ;
pour le réveiller des passes longitudinales. Il faut
prendre garde de ne pas brusquer les passes, car on
pourrait faire du mal au sujet.

Les passes les meilleures se font de la façon suivante :

Concentrer sa volonté sur le sujet, lui dire mentalement : « Vous obéirez à ma volonté, vous voulez
bien m'obéir, vous m'aimerez. » Faire alors les passes
comme si on prenait une poignée de son imaginaire
de la main droite, de préférence, et qu'on veuille
asperger de son la tête du médium, se is en laisser
tomber à terre pendant le mouvement d'aspersion.
Commencer les passes par le cerveau du sujet en des-
cendant les mains légèrement ouvertes jusqu'à la poitrine, jusqu'au cœur, et s'arrêter pour recommencer
une nouvelle passe en ayant soin de fermer la main
en remontant jusqu'au cerveau (pour éviter la passe
contraire, le réveil).

On peut endormir également par le regard en inter-
posant un objet brillant (lumière d'une bougie, par
exemple) entre les yeux du sujet et ceux de l'opéra-
teur.

Certains opérateurs agissent sur certains sujets par
la volonté seule, sans passes.

Le F.·. G. endort un sujet et lui demande s'il peut
voir le F.·. Erbaudier, mort depuis deux mois. Le
sujet répond aux diverses questions qui lui sont posées :

il voit le F.·. Erbaudier en tenue de ville, placé debout auprès de Papus, il est heureux, mais ne peut parler. Papus lui fait dire d'apparaître dans les trois jours à sa femme qui le réclame.

Le sujet restant éveillé, on peut hypnotiser un membre, le petit doigt, par exemple. Au moyen de passes filées sur le petit doigt de la main gauche, ce petit doigt s'écarte des autres et s'écarte d'autant plus qu'on dit à la personne de le serrer contre les autres. Pour faire cesser l'expérience et éviter toute souffrance au sujet, faire les passes contraires, longitudinales, en frottant la main et le bras jusqu'au coude, tout le long du nerf.

IV

Séance blanche; pas d'ouverture ni de fermeture des travaux.

Le docteur Papus explique qu'il a amené avec lui un sujet pour montrer la différence qu'il y a entre le magnétisme et l'hypnotisme.

Il endort le médium par de longues passes de haut en bas; il est même obligé, à diverses reprises, d'atténuer les passes par d'autres longitudinales et des insufflations fréquentes, par suite de la sensibilité du sujet.

Magnétisme. — 1re Expérience. — Marchez, dit le docteur Papus. Le médium obéit, puis par des passes attractives, il le force à s'arrêter et à revenir en arrière. L'expérience est faite également sur un signe donné par un spectateur, qui indique à quel moment doit se faire l'arrêt ou le retour en arrière.

2e Expérience. — Vous allez compter, dit le docteur au sujet, après l'avoir fait toucher par un spectateur ; et lorsque monsieur le pensera mentalement, vous sauterez un chiffre. Le médium obéit et annonce les différents nombres ordinaux en ne parvenant pas à articuler les nombres qu'il lui est interdit de prononcer.

Insensibilité. — 3e Expérience. — Un spectateur donne la main au médium. Un papier enflammé est passé sous les deux mains. Le spectateur finit par retirer la sienne sous l'action de la brûlure ; la main du médium reste insensible.

Suggestion. — 4e Expérience. Deux personnes se placent devant le sujet. Le docteur Papus fait écrire sur un morceau de papier vers laquelle des deux personnes on désire que le médium se porte de préférence. Celui-ci obéit à la suggestion.

5e Expérience. — Après avoir fait tourner le dos au sujet, Papus trace sur le parquet, à l'aide d'un morceau de craie, un mur imaginaire. Arrivé à la marque, le médium s'arrête et ne peut plus avancer.

6e Expérience. — Papus trace une autre limite imaginaire, en disant : « Ceci est un ruisseau. » Le sujet, parvenu à l'endroit indiqué, s'arrête. « Quelle sensation éprouvez-vous, demande Papus. — Réponse « Il fait froid ! »

Hypnotisme. — 7e Expérience, dite du colonel de Rochas. — Avec de nouvelles passes, Papus dédouble le sujet, l'extériorise, et fait ensuite le simulacre de le chatouiller à distance. Le sujet éprouve la sensation du chatouillement.

8ᵉ **Expérience**. — Une carte de visite ayant été pressée entre les mains du sujet en état d'extériorisation, Papus retire cette carte et la gratte légèrement à distance. Le médium éprouve une sensation pénible.

Cette expérience est celle de l'envoûtement du moyen âge, expérience très difficile à conduire pour ne pas faire de mal au sujet.

Extase. — 9ᵉ Expérience. Un harmonium joue : le médium exprime, par le geste, l'attitude et les poses, la béatitude dont il est imprégné. Ses yeux sont ouverts, mais une allumette enflammée, passée devant eux, montre que le sujet ne voit pas et ne ressent pas la chaleur du bois en ignition.

V

Spiritisme. — Le spiritisme, communication du monde visible avec le monde invisible, est une science peu connue, sujette à erreur, à trucage, niée des savants qui lui ont donné des noms plus ou moins bizarres, tirés du latin ou du grec, mais qui a toujours frappé les esprits simples, le peuple en général. D'ailleurs, pour produire des effets magnétiques spirites, il n'est pas nécessaire d'avoir fait des études approfondies. Le spiritisme n'exclut aucune croyance religieuse, mais s'élève au-dessus de celles-ci dans une forme plus étendue vers la Vérité. Chacun s'assimile les principes éternels dans la mesure de sa compréhension. Dans toute doctrine, il y a des parcelles de vérité, mais aucune ne la contient entièrement, celle-ci étant plus vaste que l'esprit humain. Il n'y a pas antithèse entre la science et la vraie religion. La science et la croyance marchent parallèlement et se rencontreront un jour. La science est l'analyse, la religion la synthèse.

La prochaine séance sera publique et payante pour les profanes, afin de couvrir les frais occasionnés par la location d'une salle plus vaste. Des vues photographiques seront exposées à cette séance, pour montrer différentes scènes de spiritisme qui ont eu lieu avec l'aide des médiums Eglington ; Eusapia Paladino, Miller, etc. On pourra ainsi se rendre compte de soulèvements de tables, d'apparitions, de dédoublements, etc., et s'assurer en même temps qu'aucune supercherie n'a pu se produire et qu'un contrôle incessant a été exercé pendant les expériences.

VI

État actuel des études psychiques en France. — La conférence du docteur Encausse sur l'état actuel des études psychiques en France, qui eut lieu le 6 avril 1909, comprenait trois parties :

1º Historique de l'étude des faits psychiques.

2º Que faut-il penser du spiritisme, de la médiumnité et des études annexes.

3º Exposé et conclusions.

Le but de la conférence est d'étudier la conscience humaine. Déjà, dans l'antiquité, l'occultisme était pratiquée : Ulysse se sert d'un médium ; Tiranias, pour sa descente aux enfers (in inferna); Moïse domine les Chaldéens par des effets magnétiques ; la résurrection de Lazare par Jésus est une autre application de la science occulte ; les Druides croyaient à des vies successives de l'âme. Les Gaulois faisaient partir l'âme de l'abîme Anncofn, règne minéral, pour la faire entrer dans Abred, le cercle des voyages, règne végétal, animal, et humanité, avant d'entrer dans Gwynfyd, le ciel. Au moyen âge, les faits de sorcellerie, d'envoûtement, de magie, d'alchimie, sont très répandus. Dans les temps modernes, au dix-septième siècle, les sciences ésotériques se poursuivent avec Mesmer et son baquet électrique ; Cagliostro lit l'avenir ou le passé dans un verre d'eau ou dans une carafe d'eau. Au dix-neuvième siècle, le véritable rénovateur des études spiritualistes est l'Anglais W. Crookes, suivi par les expériences d'Allan Kardec, Flammarion, le colonel de Rochas, Le Bon, le commandant Darget, etc. L'Académie n'a jamais voulu admettre l'occultisme. Cela se comprend : elle commence seulement à admettre la vapeur, les chemins de fer, l'électricité. Il faut donc attendre le vingt et unième siècle pour qu'elle prenne ces études en considération. Quoi qu'il en soit, les projections photographiques montrent des lévitations de tables, de morceaux de bois, avec ou sans contact, des effets de sommeil magnétique où le médium s'extériorise, se dédouble (apparition du corps astral, du fantôme du sujet). Ce dédoublement est un fluide qui part de la rate, se développe, grandit et prend la forme fantomale. L'apparition sur la plaque photographique des esprits, des êtres chers qui sont disparus (parents, ancêtres, amis) se succède avec fidélité et évidence.

Le double apparaît même sur certaines photographies ; on devrait conserver avec soin les clichés mal venus, obscurcis, ratés, afin d'en tirer d'utiles renseignements sur les phénomènes de dédoublement, d'extériorisation ; peu nets, à première vue, ces négatifs peuvent aider puissamment aux études psychiques.

Eglington dans ses transes, Eusapia Paladino et ses lévitations, Miller et ses matérialisations, les phénomènes de télépathie étonnent par la fidélité de la reproduction ; l'esprit conduisant Miller au milieu des spectateurs, l'enfant venant annoncer sa mort à ses parents la veille du jour où la réception d'un télégramme les avise du décès, la lévitation du sujet, etc., intéressent vivement les assistants. Ainsi, de la suggestion à l'état de veille, à la transmission de la pensée, à l'hypnotisme, à la télépathie, on passe au phénomène médiumnique. Certains médiums, outre leur propre énergie nerveuse, en soustraient encore des personnes liées avec eux par la chaîne. Cette substance nerveuse est accumulée à la périphérie du corps en quantité suffisante pour produire une extériorisation de la sensibilité et de la motricité. Pendant le plus profond sommeil médiumnique, l'extériorisation de l'énergie nerveuse est à son maximum et on peut alors obtenir la matérialisation qui se manifeste sous une forme visible. Le double, le corps astral, le fantôme du sujet contient de même des rayons sensitifs et mécaniques, qui lui viennent du corps du médium ou par la suggestion ou l'influence des spectateurs ou même de personnes éloignées.

Les médiums sont des êtres humains, et, par suite, sujets à erreurs, à la jalousie entre eux, au mensonge. Il y a beaucoup de faux pour un peu de vrai dans les expériences; il faut donc étudier avec soin, approfondir les phénomènes psychiques avant de se former une opinion.

Tel est l'exposé de la conférence : on est amené à conclure aux réincarnations successives, à la bonté infinie du Créateur.

VII

Papus explique que le nombre des adhérents à la ☐ est suffisant pour fonder à Tours une société d'études philosophiques et psychiques : le bureau composé de 22 membres est déjà constitué; la cotisation mensuelle sera de o fr. 5o; les statuts sont élaborés. Dès leur impression terminée, chacun en aura un exemplaire. Le dépôt à la Préfecture va se faire incessamment. Il n'y a plus qu'à souhaiter longue vie et prospérité à la nouvelle société.

Une partie des conférences sera consacrée à l'étude du spiritisme; l'autre partie à l'étude de la maçonnerie.

Questions. — Un des frères a vu en rêve, pour la première fois, sa petite fille morte depuis plusieurs mois. Papus dit que l'enfant vient de se réveiller et que sa première pensée a été pour son père. Après la mort, les enfants restent plus ou moins longtemps dans le sommeil et ne se réveillent que pour prendre une nouvelle réincarnation. Il dépeint l'enfant (tache blanche sur la joue droite, âgée de 4 à 5 ans, forte, etc.).

Un assistant demande comment il peut voir tous ces détails : « J'ai des amis qui me renseignent », répond Papus. Un autre assistant, simple ouvrier, médium dessinateur, présente un cahier de dessins qu'il a faits sous l'influence d'un esprit. Ces dessins automatiques représentent des figures de saints et de saintes, des descentes de croix, des Jeanne d'Arc, etc.

Plusieurs lignes d'écriture très fine accompagnent toujours ces dessins, suivis de la signature de l'esprit.

VIII

Papus fait connaître que la Société d'Études Philosophiques et Psychiques de Tours sera très prochainement formée ; il sera créé un groupe photographique, un groupe d'études et un groupe d'adhérents.

Il y aura réunion publique un mois, et réunion de la loge le mois suivant.

Facultés occultes. — On arrivera ainsi à développer les facultés occultes qui sont en chacun de nous. A ce propos, il est sage de ne pas oublier que pour cultiver en soi la faculté d'agir, de commander, de se mettre en rapport avec l'Invisible, le procédé doit être tout passif ; c'est celui de la demande. On est alors dans la voie mystique pure, on s'aperçoit bien vite que, plus on s'abandonne à la Providence, plus on reçoit. On commence à percevoir le plan divin et à constater que l'homme n'est rien sur terre et qu'il ne peut être réellement quelque chose que si on le guide. Enfin, on prend conscience des êtres de l'invisible et cela sans aucun danger. Pour arriver au but qu'on se propose, il faut d'abord avoir un aide invisible à côté de soi, et il ne faut pas surtout prétendre lui commander. La vraie voie est la voie d'abandon total à la direction de l'Invisible, à conditions toutefois que cette direction vienne réellement du plan divin.

Il faut être très prudent en matière de communications avec l'Invisible. Les êtres qui se manifestent dans les réunions psychiques ou spiritualistes tournent autour de nous en sens inverse de leur poids : les suicidés, les révoltés, les évolués, les ardents, les élémentaires rattachés à la terre par une passion quelconque, les êtres de basse catégorie, sont ceux avec lesquels on entre bien souvent en relation par le spiritisme. Si un esprit se présente à vous et que vous soyez sûrs que ce n'est pas l'esprit du médium, demandez-lui au nom de qui il parle. S'il confesse le nom du Christ, vous pouvez sans crainte correspondre avec lui; s'il cherche des subterfuges, ne vous liez pas avec lui. Si vous êtes magicien, vous commanderez à tous ces ivrognes de l'Astral; si vous êtes thaumaturge, vous commanderez à des forces astrales eggrégoriques, et vous verrez des êtres lumineux et des autres ; enfin, si vous êtes théurge, vous accepterez par la prière l'intervention des centres divins. Voilà les trois voies qui vous sollicitent sans cesse.

L'humanité n'évolue que par les épreuves, mais la nature nous donne du courage pour les supporter et le ciel n'abandonne jamais l'homme. L'être qui, comme Louis-Claude de Saint Martin, fait de bonnes

actions autour de lui, arrive, peu à peu, à posséder
une force magnétique extraordinaire qui lui servira à
opérer de nombreuses guérisons. Il y a des loges martinistes, dites mystiques, où on se réunit pour demander le soulagement ou la guérison des malades. Papus
cite différentes guérisons et divers cas de thaumatur-
gie, de vision de l'Invisible, opérées par Philippe de
Lyon, et invite à pratiquer la tolérance envers tous,
la nécessité de ne dire du mal de personne, la con-
fiance absolue dans le Père, la pitié pour la douleur
des autres, le partage des souffrances des autres, en
un mot, à pratiquer la Bonté et la Tolérance.

Question. — Une sœur demande comment on
peut aider à la désincarnation aussitôt après la mort.
Papus fait lever tout le monde et mettre les mains
droites ouvertes au-dessus de la tête. Puis faisant
tourner la sienne au-dessus de sa tête, il demande
quelles sont les personnes qui ont ressenti une sensation de fraîcheur dans l'intérieur de la main. Celles-
là n'ont qu'à appuyer légèrement le pouce droit sur le
front d'un mort pour faciliter la désincarnation, pour
dégager la sortie en astral.

IX

Conférence sur Jeanne d'Arc médium. — Séance
publique. Papus annonce que la société d'Études philosophiques et psychiques est fondée; les formalités
nécessaires sont accomplies. Le commandant Darget
distribue un certain nombre de clichés photographiques que chacun pourra placer sur le front ou

l'épigastre, de façon à obtenir une photographie de la pensée ou du double.

Saint-Yves d'Alveydre a mis en très beaux vers la vie ésotérique de Jeanne d'Arc. Papus lit quelques fragments de ces pages émouvantes et pleines d'un souffle de l'au-delà.

Ignorante, illettrée, d'une simplicité campagnarde, Jeanne a toujours su répondre comme une initiée aux question qui lui étaient posées par le clergé, les plus subtils docteurs, les professeurs de théologie, etc., avec lesquels elle a été mise en présence.

Ses inspirations sont prophétiques : A Vaucouleurs, elle annonce à Baudricourt le combat de la journée des Harengs le jour même où eut lieu cette affaire, sous Orléans.

A l'Université de Poitiers, le frère Séguin, Limousin, professeur de théologie, essaie de la confondre par d'insidieuses questions : « Quelle langue parlait cette prétendue voix céleste ? — Meilleure que la vôtre », fut la réponse.

Plus tard, mise en présence du roi, au milieu de sa cour, elle le reconnait malgré son effacement et son déguisement; elle lui fait connaître tout bas ce qu'il avait pensé, sans en avoir parlé à quiconque, qu'il était le vrai héritier et fils du roi Charles VI.

Partout où elle passait, le peuple était pour elle; les capitaines pillards du temps, qui ne croyaient à rien, les La Hire, Gilles de Retz, Dunois, et autres, lui obéissaient comme à un être surnaturel et doué d'un pouvoir invincible. La mort de Talbot, fut prédite par elle quelques heures avant qu'elle n'arrivât.

Après son emprisonnement, ses réponses aux scho-
lastiques, à ses juges implacables, montrèrent qu'elle
était réellement inspirée. Elle sut toujours faire taire
leurs raisonnements devant une raison plus haute.

Enfermée au donjon de Crotoy, Jeanne priait ar-
demment, et sa prière perçait et dissipait l'ennemi à
Compiègne, au jour même qu'elle avait prédit.

L'évêque Cauchon, tout dévoué aux Anglais, lui
disait perfidement.

« Croyez-vous être en état de grâce? » — « Si je
n'y suis, Dieu veuille m'y mettre; si j'y suis, Dieu
veuille m'y maintenir ? »

« Saint Michel était-il nu ? » — « Pensez-vous que
Notre Seigneur n'ait pas de quoi le vêtir » — « Promet-
tez-vous de vous soumettre aux décisions de l'Église? »
— « Oui, Dieu le premier servi. » — Jusqu'au bû-
cher fatal, l'inspiration de Jeanne d'Arc sut en im-
poser à tous les gens, amis et ennemis, qui l'entouraient.

X

La salle du Manège est mise gratuitement à la disposition de la Société, éclairée et chauffée, les 2ᵉ et 3ᵉ mercredis de chaque mois : *la première réservée aux sociétaires*, la deuxième publique.

Une quête est faite au profit du bureau de Bienfaisance; produit : 11 fr. 90. Une adresse de remerciements, signée de tous les membres du bureau, est envoyée à la Mairie.

Question. — POSSESSION. — Suivant les idées des prêtres du moyen âge, l'esprit d'un être est dominé par la volonté d'un autre esprit. Il n'a plus sa volonté propre, il est possédé. La possession était due surtout à l'esprit malin. Pour les prêtres, il existe un dogme dont on ne doit pas sortir, auquel il faut ajouter une foi aveugle. Tous ceux qui s'écartent du dogme sont des Possédés. Les Spiritualistes sont des Possédés Les prêtres ignorants admettent sans réplique cette conception de l'esprit humain, mais certains prêtres instruits ne sont pas aussi intransigeants et discutent avec les Spiritualistes.

Il y a aussi des êtres humains, cas extrêmement rare, qui n'ont pas d'esprit; le corps agit sans volonté, comme une machine.

Le docteur Papus a vu un médecin, possédé par l'esprit d'un décapité, prendre un couteau et vouloir tuer tous ceux qui l'entouraient, et, de préférence, le médecin qui disséquait le cadavre du condamné et qui avait dit du mal de lui avant sa mort.

XI

Bureau Julia. — Conférence a la salle du Manège.

Extrait du journal *La Dépêche* de Tours :

Les grands journaux s'occupent beaucoup, depuis
quelque temps, de phénomènes spirites surtout depuis que *le Matin* a parlé du bureau Julia, créé par
le directeur d'un grand journal anglais, M. Stead.

Or, le docteur Encausse a fait hier, à la salle du
Manège, une conférence avec projections lumineuses,
très applaudie par les 300 personnes présentes, au
sujet de la communication entre les morts et les vivants, que l'on peut avoir sans rien dépenser, en
écrivant seulement au bureau Julia.

Le bureau, entretenu par le savant en même temps
que millionnaire Stead, qui y consacre 25.000 francs
par an, a une certaine quantité de médiums voyants,
auditifs et écrivains qui servent aux communications
extra-terrestres.

C'est de là que, selon le journal *le Matin*, l'aviateur
Lefèvre, qui venait de mourir, fit prévenir Bolotoff
que le moteur de son biplan ne marcherait pas, ce
qui arriva. L'aéroplane ne put partir.

Le docteur Encausse a montré ensuite, avec des
projections lumineuses, les fluides sortant du corps
humain, puis la genèse d'une matérialisation d'esprit,
enfin l'esprit matérialisé ayant tous les caractères d'un
vivant.

Devant la parole entraînante et persuasive du doc-

teur Encausse, la nombreuse assistance s'est retirée
enthousiasmée, se promettant d'assister encore à la
deuxième conférence qui aura lieu le 17 novembre
prochain.

Un spirite.

XII

Races jaune, rouge, noire et blanche. -- Les pro-
chaines conférences publiques seront philosophiques,
scientifiques et non spirites. Aujourd'hui nous allons
parler de la tradition ancienne, de l'Égypte et de Moïse.

L'histoire de l'Égypte fait partie des grandes vagues
d'humanités qui se sont répandues dans le monde. En
effet, quatre races différentes se sont dominées successivement: avant la civilisation blanche, il y eût d'autres civilisations qui ne le cédaient en rien à la nôtre.

Ces idées, ne se trouvent, d'ailleurs, dans aucun
livre historique : la première race fut la race rouge,
dont on retrouve quelques vestiges de nos jours. De
l'Angleterre à l'Amérique du Sud, s'étendait un vaste
territoire appelé l'Atlantide. Parmi les colonies asser-
vies par la race rouge, on peut citer le pays basque,
les Étrusques, l'Italie, la Bretagne et l'Égypte (colonie
atlante). Les traces des diverses races se retrouvent
sur les hiéroglyphes égyptiens : sur dix bonshommes
formant ces signes, il y en a deux rouges, deux noirs
deux jaunes, deux blancs. Après les Atlantes, la race
noire a dominé le monde connu. L'Atlantide s'est
effondrée à cette époque : c'est le déluge de l'An-
cien Testament. Quelques Atlantes ont échappé au

désastre et sont restés en Amérique et en Égypte (mer Rouge). La race noire a conquis l'Inde et la Chine (mer Jaune), puis le sud de l'Europe (mer Noire). Puis la race blanche venant du Nord (mer Blanche) a subjugué les noirs. Le centre de chaque race a donné son nom a une mer. Enfin 25.000 blancs ont envahi l'Inde sous les ordres de leurs chef, Ram, druide aryen, ont habité Ceylan, puis sont revenus dans leur pays d'Europe. Telles sont les connaissances que révèlent les archives des Hindous. Alors l'Histoire commence telle qu'on l'enseigne aujourd'hui. D'où vient un peuple ? On le sait d'après ses écrits : les écrits des premiers peuples allaient de la Terre au Ciel, c'est-à-dire de bas en haut (Chinois) puis d'orient en occident comme les Orientaux, les Hébreux et les Arabes. Puis l'écriture des Ahrias, le sanscrit, va d'occident en orient; les langues d'Europe indiquent également leur origine, en allant d'occident en orient.

L'Égypte est une colonie rouge où l'on avait tout d'abord le culte du Nil, surtout à sa source, à Fashoda. Le Nil faisait ensuite un coude et se rendait à Bahr-El-Gazal dans le Sahara, alors lac d'eau douce. Les Atlantes ont détourné le cours du fleuve et l'ont envoyé dans la Méditerranée. Le premier auteur grec dont les récits sur cette question soient parvenus jusqu'à nous est Manethon qui semble exister cinq mille ans avant J.-C. Au sud de l'Égypte, on retrouve encore des tombeaux de cette époque.

XIII

Étude du ciel. — Ses rapports avec le spiritisme.
— Le sujet à traiter est assez scabreux : il s'agit
de faire l'union entre l'astronomie et les affirma-
tions des philosophes sur le Ciel, c'est-à-dire de
démontrer qu'il existe quelque chose après la Mort
et d'indiquer comment ces idées peuvent s'arran-
ger avec les données de la Science, de développer la
constitution du ciel d'après la Science et de cher-
cher comment peut être conçu l'esprit humain après
la Mort. Lorsqu'un enfant va à l'École, le Ciel est
pour lui sa vie d'Étudiant; pour l'Étudiant, le ciel est
la vie du Savant. Pour l'Hindou, le Ciel se trouve
dans une abstraction de sa personnalité; le Nirvana
des bouddhistes est un ciel où les âmes se divinisent
dans le sein de Brahma; pour le Peau-Rouge, le Ciel
est un endroit où existent des chasses éternelles;
pour le musulman, c'est un harem immense. Pour
les occidentaux, le Ciel diffère suivant les religions :
les catholiques envisagent le voisinage éternel des
anges, les protestants se font une idée à peu près analogue. Pour d'autres, le Ciel est là où on a mis son
cœur. Pour beaucoup de gens de nos jours, le Ciel
semble être l'endroit où on a beaucoup d'argent. Cependant, les riches sont souvent dans un Enfer. Ainsi,
M. Chauchart. le malheureux riche, si envié, passait
ses nuits à hurler de douleur, parce qu'un mal le
rongeait depuis plusieurs années et je suis sûr qu'il
enviait le sort du savetier, gai et chantant, lui, le

financier couvert d'or et de bijoux. Il ne peut y
avoir un heureux sur Terre tant qu'il y aura un
malheureux. Le Ciel peut exister sur la Terre comme
ailleurs. La conception du Ciel par la science est
la suivante : supposez une nuit sans nuages, nous
voyons les Étoiles. Ces Etoiles sont des deux ordres :
il y a des Soleils et des Astres qui gravitent autour
des Soleils. La Terre est un de ces Astres ; la Terre sur
laquelle nous nous déchirons les uns les autres res-
semble par rapport aux Astres à un grain de mil perdu
dans un champ. Il y a des Astres plus grands que la
Terre qui n'est qu'au 3° rang. Jupiter est 1.300 fois
plus grand ; le Soleil est 1.280.000 fois plus grand.
Notre système solaire est une pauvre petite étoile
perdue dans le Ciel. Nous ne pouvons pas apercevoir
les mondes qui tournent autour de chaque étoile. Et
pourtant notre orgueil est si grand que nous estimons
Être sur Terre le centre de l'Univers, tandis qu'en réa-
lité nous ne sommes rien vis-à-vis de l'Infini. On
essaie de communiquer avec Mars, la planète la plus
voisine de la Terre, où doivent exister des êtres plus
intelligents que nous. Flammarion a essayé d'établir
l'âge de chaque planète; d'après lui, la Terre paraît
un enfant de 12 ans d'âge auprès des autres astres,
Saturne et Jupiter ont probablement des habitants;
la race humaine doit exister dans chaque planète.
Partout, il doit y avoir un centre de souffrance et un
centre de joie. Les planètes donnent dans l'espace un
cône d'ombre et un cône de lumière. Les Anciens
mettaient la félicité, les esprits blancs, dans le cône
de lumière et les esprits noirs dans le cône d'ombre.

Si un être n'est pas suffisamment évolué après sa mort, il ne peut passer dans un plan trop éclairé. Après la mort, chaque être humain a une densité spéciale et va dans un plan différent selon ses capacités, ses mérites, là où il peut rencontrer ses semblables. En effet, un charretier, transporté dans un salon, s'ennuierait et préférerait le cabaret, tandis qu'une femme du monde, transportée dans un cabaret, s'estimerait être en Enfer. Il y a une loi de la réincarnation (qu'il ne faut pas confondre avec la Métempsychose). Au point de vue physique, le corps est formé par des cellules terrestres qui retournent à la Terre. Chaque cellule, après la mort, se répand dans la nature, se transforme en herbe, absorbée par les animaux qui sont mangés à leur tour par les humains. Donc l'Homme s'assimile les cellules des ancêtres; il y a un retour physique des cellules, réincarnation, roulement des cellules. Donc la métempsychose est vraie pour le corps physique, mais pas pour notre Conscience, qui peut revenir sur terre dans un autre corps. L'esprit peut revenir sur notre plan terrestre et recevoir le prix de ce qu'il a fait antérieurement. Ainsi un grand-père peut être réincarné dans son petit-fils et supporter lui-même les maux que de son vivant, il destinait à ses descendants. Cette loi permet de se rendre compte de la vraie justice terrestre, où chacun récolte ce qu'il a semé. Lorsqu'on a un mort dans une maison, on l'entoure de lumières, on ne le laisse pas seul, on le veille, parce que le cône d'ombre des planètes est peuplé d'êtres malheureux et qu'on ne veut pas que l'esprit du mort entre en contact avec ces êtres. On veille les morts pour leur éviter les attaques des esprits du cône d'ombre. Ces hypothèses peuvent-elles être éclaircies, démontrées ? Notre Société est fondée pour la recherche de ces vérités.

XIV

Il serait bon de séparer la Société des Études psychiques et philosophiques de la Société des amis de Claude de Saint-Martin. Les nouveaux adhérents seraient ainsi appréciés pendant plusieurs mois avant leur admission dans la Société Symbolique. Une commission, est nommée afin d'étudier la question et de soumettre ses idées à la prochaine réunion. Il en est ainsi décidé à l'unanimité des membres présents.

Tradition ancienne. Vie de Moïse. — La conférence de Papus roule sur la Vie de Moïse.

On a vu l'état des races de la Terre, l'état de la civilisation de l'Égypte à l'arrivée de Moïse. Cette civilisation était analogue à la nôtre ; d'ailleurs, cette partie de l'Histoire ne se trouve pas dans les livres. Il existe sur Moïse des documents traditionnels, autres que ceux de l'Histoire : la Tradition et les enseignements propres. D'après la Bible, Moïse était très versé dans les sciences connues des Égyptiens. Aujourd'hui, pour apprendre, il faut des facultés intellectuelles et non physiques. Dans l'antiquité, il en était autrement, il fallait subir des épreuves physiques avant d'être admis à la connaissance des choses intellectuelles. Il fallait d'abord n'avoir peur de rien. Les

peureux pouvaient obtenir des fonctions civiles ou
commerciales, mais pour les Initiés, on avait institué
des épreuves physiques pour éprouver leur courage.
Un esclave qui avait surmonté ces épreuves pouvait
devenir un homme libre. Ces épreuves étaient dures.
Le nom de Moïse est un symbole; il signifie « sauvé
des eaux ». Élevé dans le temple d'Osiris, Moïse y
apprit toutes les sciences égyptiennes. A vingt ans, il
était considéré comme un savant; il assistait aux
cérémonies du Temple en compagnie d'un autre
jeune homme blond, appelé « La Parole Lumineuse»,
Orphée. Ces deux camarades, étudiaient ensemble les
sciences de l'époque, extrêmement développées, et se
divisant en quatre catégories : le magnétisme, la mé-
decine, la justice et l'armée. Mais occupons-nous
d'abord des Pyramides· Les Pyramides, masses cu-
biques énormes, érigées pour tombeaux, exigeaient
des travaux considérables. Aujourd'hui, on élève des
tombeaux aux riches qui coûtent très cher et on y met
dedans un cadavre, mais la prière n'est pas pratiquée
auprès de ce cadavre; le tombeau du pauvre est seul
un objet de prière. Les Égyptiens retenaient le plus
longtemps possible rivé au corps physique, l'astral, le
péresprit du disparu. Mort, le corps était embaumé,
transformé en momie; par une cérémonie magique,
on fixait l'esprit, le double du mort sur son image.
Donc, dans les Temples, appelés Pyramides, on en-
tretenait la vie avec les Morts. Le tombeau était un
lieu où des forces psychiques étaient entretenues
dans un réceptacle formidable. Moïse avait pour
fonctions de fixer les astraux sur les corps physiques.

Ce culte de l'esprit n'existe plus de nos jours. De plus, Moïse avait pour grade dans l'État, celui de faire de la Statistique ; c'était alors une fonction. Comment l'État rendait-il la justice à cette époque ? Aujourd'hui, un architecte, un ingénieur un médecin, etc., est payé par le client. En Égypte, moyennant un impôt de 10 p. 100, on avait gratuitement à sa disposition, le théâtre, le médecin, l'ingénieur, l'avocat, etc. Ces fonctions étaient directement rétribuées par l'État.

Il existait, nous l'avons dit, plusieurs races en Égypte, races venues d'ailleurs sous Sésostris Parmi elles, les Israélites venus d'Asie, étaient surnommés ʒens à tête de bois ou de cochons, parce qu'ils ne se pliaient à aucune des coutumes égyptiennes. En particulier, ils avaient horreur de la statistique. Les Égyptiens étaient soumis à la statistique pour les travaux, corvées, etc. Les Israélites ne voulant pas s'y soumettre, on tapait sur eux et, comme étrangers, on les faisait payer plus cher que les autres. Or, Moïse, d'origine juive, est alors nommé Statisticien. Un jour, un soldat égyptien maltraite un Juif devant lui; Moïse tue le soldat. Représentant de l'État, Initié, il n'avait pas le droit de tuer, surtout un agent de l'État. Selon la loi, il n'avait plus qu'à choisir entre le suicide conscient ou inconscient. On le ramène au Temple, où le tribunal lui dit : Vous avez le droit d'être tué ou de vous suicider, ou enfin de vous rendre au Temple d'Osiris, Temple à renommée terrible, d'où on ne revenait jamais. Moïse essaya de se suicider ; mais dans sa cellule, une vision mystique lui apparut. Il se vit conduisant les Hébreux dans le désert. Alors il choisit d'aller dans le Temple d'Osiris, situé au milieu du désert. Il part et se présente au chef de ce Temple, dans lequel se trouvait cachée la Magie Noire. Une fille du chef Jéthro, Zephora, négresse soudanaise, s'amourache de lui, l'aide à truquer les épreuves et dans le choix de la coupe de poison, une tapisserie se soulève et le doigt de Zephora lui indique la coupe qu'il fallait boire : Moïse épouse Zephora, passe à travers toutes les épreuves, et, reconnu savant, il revient en Égypte. L'étonnement des Égyptiens fut grand de le revoir vivant : c'est alors qu'il accomplit les prodiges décrits dans l'Histoire Sainte. On accepte la demande qu'il fait d'emmener avec lui les Israélites dans le désert. A cette époque, les jeunes prêtres, initiés dans le Temple, se répandaient sur toute la Terre. Ils étaient en rapport entre eux par des Courriers initiés qui avaient le droit de loger chez les chefs d'État, où ils se trouvaient. Moïse avait assisté au retour des Initiés et appris qu'une invasion devait avoir lieu en Égypte. Il avait donc chargé les Israélites de porter ses livres et les livres sacrés dans le désert, afin de les soustraire et de les mettre à l'abri de cette invasion. Moïse avait une arche d'alliance, réservoir de forces magnétiques très puissantes. Attaqué par 5o.ooo hommes, resté seul pour défendre l'arche sacrée, il force ses ennemis à reculer à coups d'électricité. Avec le serpent d'airain, Moïse guérit ensuite les blessés, ceux qui avaient le mal électrique. Enfin, il monte sur une montagne et nul ne sait ce qu'il est

devenu. Son œuvre fut le salut de la Science égyp-
tienne qui devait parvenir jusqu'à nous. La vraie
traduction de la Bible n'a jamais été faite. Ceux
qui possédaient cette traduction, les Esséniens,
juraient sous peine de mort de ne jamais la livrer.

Les Esséniens Initiés Juifs, au nombre de 70, mis
par l'Empereur dans l'obligation de donner une traduction de la Bible, en ont fait une traduction
savante. Ils ont gardé avec soin tous les noms mystiques de Moïse pour les retrouver plus tard et ont fait
une réduction incomplète qu'ils ont envoyée à l'Empereur. Seuls, certains Initiés ont pu retrouver depuis
cette époque la traduction complète. Parmi eux, nous
pouvons citer Fabre d'Olivet, Saint-Yves d'Alveydre.

XV

La conférence publique du commandant Darget a
pour objet la photographie de la pensée.

XVI

M. Martin, vice-président, rend compte du résultat de la délibération prise relativement à la scission
en deux parties de la Société.

Qu'est-ce que les Martinistes ? Beaucoup se posent
cette question. On ne nous connaît pas ; on ne veut
pas connaître notre influence, nos consc ls. On n'ose
pas venir à nous. Il y a donc intérêt à scinder notre
groupe. Il y a toujours les adeptes de Claude de Saint
Martin, qui forment un groupe fondé pour nous aider

mutuellement, pour être dirigé par « en dessous »,
pour former des hommes de désir. Nous essaierons,
par ailleurs, de nous former par nous-mêmes, car le
directeur n'est pas éternel. Nous examinerons si nous,
Martinistes, pouvons arriver au 2ᵉ et 3ᵉ degré. Les
réunions auront lieu dans un local moins spacieux ;
une cotisation de o fr. 25 ou o fr. 5o par membre et
par mois, nous permettra de pourvoir aux frais occasionnés par le déplacement de conférenciers, tels que
Phaneg, Sédir, etc. Les statuts de notre Société vont
être tirés à plusieurs exemplaires et seront remis à chacun de nous. Les admirateurs de Claude de Saint-Martin formeront une société scientifique comprenant des
membres stagiaires, titulaires, directeurs, honoraires.

Les membres stagiaires seront admis sur la présentation de deux membres titulaires, après agrément
d'un membre expert.

Les membres titulaires seront admis par les
membres directeurs.

Le bureau sera renouvelable chaque année.

Des séances d'études, des séances publiques à fixer
par le bureau, des séances complémentaires, auront
lieu chaque mois.

Les séances publiques pourront ainsi aider puissamment au recrutement de nouveaux Martinistes.

Tradition ancienne. Suite de la vie de Moïse. —
Pour faire suite à la conférence sur Moïse, Papus
tient à faire connaître la raison pour laquelle les
Égyptiens faisaient des momies de leurs morts et
pourquoi ils leur vouaient un culte profond et vénéré.

Les Égyptiens prononçaient des paroles cabalis-

tiques, faisaient des cérémonies compliquées autour
de leurs momies et les déposaient dans des Temples,
les Pyramides, où leur conservation était soigneuse-
ment entretenue.

Nous avons étudié, au point de vue de la réincarnation, la division du corps humain en trois principes : le corps physique, le corps astral et l'esprit ou
le périsprit. Les Égyptiens avaient adopté la même
division : le principe inférieur en physique, appelé le
Khou ; le principe médium ou astral, dénommé le
Kha, et le principe supérieur ou spirituel, désigné
sous le nom de *Khi*.

Ce qui les intéressait surtout, c'était le Kha, principe médian. Parvenus à un degré de civilisation
très avancé, ils tenaient à conserver leur supériorité
intellectuelle et, pour cela, momifiaient les êtres les
plus intelligents après leur mort, afin de la conserver
dans l'astral le plus longtemps possible.

C'est par erreur qu'une tombe transportée à Turin,
a été dénommé tombe de la famille Kha par des
savants qui ne s'étaient pas rendu compte de l'étymologie du mot Kha, écrit sur la tombe.

En résumé, que voulaient les Égyptiens ? Que les
êtres ne se réincarnent pas, parce qu'ils avaient des
lois découlant de ce principe que tout peuple réincarné s'éteint très vite, dans un espace de 460 ans
environ. La stabilité de la haute civilisation n'a pas
encore été éteinte, mais le peuple égyptien a duré
5.000 ans, parce que les individus ne pouvaient pas
se réincarner dans l'élément physique, puisque on
s'appliquait à les conserver en astral.

Qui momifiait-on ? Le roi, le prêtre, le ministre, ceux qui avaient appris la science. Les prêtres entouraient le corps du mort de bandelettes de toile, les viscères étaient remplacées par des plantes odoriférantes, la figure était dorée ou peinte et on l'emportait alors vers la ville des morts. Les tombeaux étaient la demeure de l'esprit du mort resté sur la terre. Les mausolées affectaient la forme pyramidale et servaient de points où la Mort s'unissait à la vie. Les Pyramides sont toutes construites tournées vers l'Orient.

La momie, avant d'être déposée dans une chambre, était transportée dans 7 chapelles, où des cérémonies se faisaient pour empêcher l'astral de s'en aller. On mettait même de la nourriture près du tombeau pour nourrir l'astral.

Cette garde sacrée, cette masse de corps astraux, de péresprit, empêchaient le pôle magnétique de se déplacer vers l'Ouest. Pendant plus de 3.000 ans, les Égyptiens sont parvenus à ce résultat. Donc, les sciences psychiques étaient très connues en Égypte; donc, des milliers d'êtres invisibles formaient une barrière formidable contre la magie, des forces astrales formidables étaient à la disposition de ceux qui savaient les utiliser; donc ce peuple voulait dominer sur terre et y a réussi pendant de longs siècles.

XVII

Réincarnation publique. — M. Albert, V. P., fait une causerie sur le Spiritisme et la Réincarnation. — Le Spiritisme est vieux comme le Monde :

Moïse se sert du magnétisme, Ulysse, Socrate, Numa, communiquent avec les esprits, saint Jean l'Évangéliste fut un Initié.

Au moyen âge, la voix des Invisibles est un peu étouffée ; elle se montre tout à coup avec Jeanne d'Arc.

Dans les temps modernes, c'est aux États-Unis, dans la famille Fox, que des phénomènes spirites se dévoilent. Transportés en Europe, Allan Kardec, en 1857, condensa les communications qui se répandaient de tous côtés (1).

Aujourd'hui, le spiritisme compte 200 journaux et 30 millions d'adeptes, parmi lesquels se rencontrent les plus grands savants des deux mondes.

« Ceux qui sont des Invisibles ne sont pas des absents », a dit Victor Hugo.

Pour se mettre en rapport avec l'au-delà, on se sert d'un médium (2). L'être humain possède un *corps physique*, une *âme immortelle* et un *corps fluidique qui enveloppe le corps physique et sert d'intermédiaire entre les deux*. Le périsprit, l'astral se développe dans le sommeil magnétique, dans la transe, dans l'extase du médium. Le dégagement des molécules du périsprit se mélange avec les fluides des désincarnés, qui agissent sur le médium, être sensible. Les coups frappés, les signes répondent par-

_____

(1) *Le Livre des esprits, le Livre des médiums, la Revue spirite.*

(2) Un médium est une personne douée de certaines qualités physiques qui permettent aux esprits de se servir d'elle comme d'un moyen pour se manifester. C'est en quelque sorte le Messager des âmes.

fois d'une façon intelligente. Le fluide du médium
peut s'extérioriser et faire mouvoir une table, aidé
par le fluide des assistants. Que la table vienne à donner des communications plus grandes, plus intelli-
gentes que les facultés du médium, ces phénomènes
semblent bien venir des esprits. Si les communications sont données par un être récemment décédé, il
y a là un phénomène spirite et on a affaire à un être
humain désincarné. On a vu un nourrisson de 20 mois
prendre un crayon et écrire; un crayon placé entre
deux ardoises mises sous scellés, écrit sur lesdites ardoises plusieurs phrases en plusieurs langues. Wil-
liam Crookes, avec son médium, obtient la matérialisation d'un fantôme indien. Une balance sert pour
connaître le poids du fantôme; le médium est lui-
même pesé avant et après l'expérience.

Les fraudes sont écartées autant que possible. Qu'est
le spiritisme devant la science ? Le polygone de Gras-
set n'explique pas ces phénomènes. On peut donc
conclure que les lois expérimentales du spiritisme
sont établies : 1º par les lévitations, 2º par les communications, 3º par les apparitions. Ce sont là les
preuves de la survivance de l'esprit, de l'immortalité
de l'âme. De ces manifestations, des principes de
morale et de philosophie qui en découlent et de
l'application de ces principes, il résulte que le spiritisme n'est pas une religion, c'est la doctrine qui conduit à l'idéal de justice, de bonté et de fraternité.

Papus ajoute que la question qui vient d'être traitée
est une des plus troublantes de l'esprit humain. Parmi
les doctrines différentes préconisées par les penseurs,

il n'en est pas une qui semble plus étrange que la réincarnation. Cette question a préoccupé tous les hommes de pensée. Une seule existence suffit-elle à l'être humain ou faut il plusieurs existences pour permettre à un être d'évoluer vers le bien. La question de la reincarnation se relie à la mort, à la maladie, aux souffrances physiques et morales. Il existe dans les Indes une légende disant que Cakiamouni, fils du roi, n'était jamais sorti du palais de son père, qui ne voulait pas lui montrer la souffrance. Élevé dans un palais luxueux, il n'avait jamais vu ni un malade, ni un malheureux, ni un mort. Pour lui, tout était bonheur sur terre. Un jour, cependant, il s'enfuit de la demeure royale et rencontra successivement un mendiant, un malade et un enterrement. Son étonnement fut grand. Dès ce moment, il rechercha une solution à ces problèmes. Telle est la légende Bouddhique.

Déjà, 6.000 ou 12.000 ans avant Jésus Christ, de vieux prêtres, les Vedas, avaient un code, une croyance. Ces sages enseignaient que tous les êtres humains n'avaient pas le même âge sur terre. Ainsi, deux hommes de trente ans, dont l un est égoïste, personnel, et l'autre a été malheureux et pardonne à son prochain les faiblesses qui peuvent l'attendre. L'esprit du premier a bien trente ans d'existence, mais l'autre à plusieurs siècles d'existence devant lui. Celui-ci est revenu déjà plusieurs fois sur terre, tandis que le premier commence une existence. Tel est le principe de la *réincarnation*. On peut présenter une objection ; si on revient sur terre, pourquoi ne conserve t-on pas le souvenir de ses vies antérieures. Rappelons-nous nos études classiques : Virgile appellé les ombres qui se précipitent en foule pour revenir sur la terre, mais après avoir bu l'eau du fleuve de l'oubli, du Léthé. Supposons que nous sommes en bicyclette, si nous apercevons une côte devant nous. nous ne pouvons la monter sans contrainte, c'est de l'auto-suggestion, tandis que si nous pédalons dans la nuit, nous montons la côte sans nous en apercevoir, c'est pour une raison analogue qu'on nous a mis dans la nuit avant de revenir sur la terre.

Cependant, les esprits étudient cette question du souvenir; ils agissent par folie ou par orgueil. Les esprits peuvent dérailler. En s'occupant trop de ces idées, l'orgueil s'empare de quelques-uns. Dans une réunion spirite, il y en a toujours qui croient avoir été un personnage dans une vie antérieure. L'un d'eux prétendait avoir été Henri IV. Un voisin lui répondit : « Comment! Tu ne m'embrasses pas! Mais j'étais la belle Gabrielle! » Évitons l'orgueil et demandons-nous si l'esprit retourne sur terre comme le corps physique, par les cellules du corps physique.

Après la mort, les cellules physiques deviennent des cellules minérales, végétales. La nature reprend son bien; la nature se renouvelle. Le bœuf mange l'herbe, le boucher tue le bœuf qui est, à son tour, mangé par les êtres humains, d'où résulte la réincarnation physique. On a confondu cette transformation physique avec le retour de l'esprit sur terre, la métempsychose avec la réincarnation; on a prétendu que Pythagore enseignait la métempsychose, parce

qu'il avait dit qu'il était précédemment un coq. Il n'en
est rien : un jour devant ses disciples qui croyaient
avoir été des hommes supérieurs, il leur dit qu'il
avait été un coq, c'est-à-dire très peu de chose et non
grand comme eux, dans une précédente réincarnation. Les catholiques et les protestants se demandent
si la réincarnation a été condamnée.

Elle ne l'a jamais été. Dans un Concile, de Con-
stantinople, il en a été question, mais pas complètement. Le Christ répond que cet homme est aveugle
parce qu'il a péché dans ses vies antérieures. Élie a
disparu, mais Jean s'est réincarné. La réincarnation
est enseignée dans les Évangiles. Mais si nous revenons sur terre, pouvez-vous demander, pourquoi
faire ? Darwin montre plusieurs évolutions dans la
nature. La nature traite les humains par le Temps
pour les évoluer. Donc nous sommes sur terre pour
fabriquer ce qui sera notre Futur. Devons-nous avoir
le mépris de l'argent qui, cependant, est une force
sociale. Toutes les religions disent que l'homme est
chargé de distribuer l'argent et non de le garder pour
lui. L'argent et l'injustice engendrent la lutte des
classes, mais la lutte des passions est plus intéressante. Nous devons rendre heureux nos contemporains. La diffusion de la doctrine de la réincarnation
montre que nous serons riches de l'autre côté si nous
donnons dans cette vie. Ces pensées ont été dites depuis 20.000 ans en dehors de toute religion. On peut
donc discuter ces idées, et en tirer profit.

Question. — Une personne demande « Docteur,
quelle a été votre première apparition ? » La première

apparition qui a été faite devant moi a eu lieu dans
un cercle intime et a fortement impressionné les assistants. Le fantôme d'un enfant s'est jeté sur une
personne en disant : « Père, c'est moi, je suis mort hier ! »
La mère, présente, s'est évanouie en reconnaissant
son enfant, qui, après renseignements, était bien mort
la veille à l'âge de 5 ans. Le plus bizarre est que l'apparition était venue sous les traits d'un premier enfant, habillé en collégien qui, lui, était mort 12 ans
avant l'événement ».

XVIII

Le sujet de la prochaine conférence publique roulera sur la divination du caractère des gens d'après
l'écriture. Cette conférence sera faite dans un but de
propagande. La salle du Manège sera réservée aux
séances publiques ; une salle dans un appartement
privé sera réservée à la tenue de la loge.

*Différents phénomènes de la médiumnité. Medium-
nité du dessin.* — Le spiritisme donne naissance à
certains phénomènes de médiumnité qui se manifestent par le dessin. Un des membres de la loge,
M. Picard, dont on a déjà parlé à la VIIe conférence,
remarquable à ce point de vue, a apporté plusieurs
dessins, en assez grand nombre même qui méritent
l'attention (1). Comment ces dessins sont-ils obtenus ?

_____

(1) Sous l'influence d'un esprit, M Picard a sculpté sur bois
différentes pièces, dont une tête de Christ et un tableau représentant « Jésus guérissant les malades », qui sont des œuvres
remarquables.

Pourquoi y a-t-il des médiums dessinateurs en relation avec des êtres invisibles ?

Après la mort, nous gardons nos idées, nos défauts, qui ne changent que peu à peu. De l'autre côté, il y a comme de ce côté, des artistes, des penseurs, en petit nombre, et des êtres quelconques en grand nombre. Ceux qui savaient parler, parlent et cherchent à s'incarner. D'autres êtres spirituels, artistes, cherchent à reproduire leurs impressions par le dessin. Supposez que vous soyez transporté tout d'un coup en Chine où vous ne comprenez, ni la langue, ni l'écriture. Vous dessinez un jambon, un cochon. On comprendra que vous avez faim, que vous désirez manger L'invisible peut envoyer de même un rêve, une image, qui sert de langue universelle et que chacun peut comprendre. Les dessinateurs agissent de même; ils ont un rôle important dans les sciences psychiques. Le dessin est conçu par un esprit et exécuté par une main matérielle. Des formes, des fleurs interessantes comme ornements, des enseignements sur les organes des corps invisibles, se voient dans ces dessins. De plus, les forces psychiques qui trouvent des organes pour se faire comprendre, forment une médiumnité du dessin qui est très intéressante.

Le médium doit être dirigé par deux ou trois esprits différents : spiritisme, symbolisme, mysticisme. Ces dessins, en effet, parlent tantôt par le symbole, tantôt par l'ornementation mystique.

De l'influence des comètes (1910). – Papus tient à dire un mot sur les influences astrales qui se dévoilent en ce moment, sur le rapport des comètes avec les

inondations. Ces considérations ne sont pas étrangères au phénomène de la médiumnité. Un astre
connu, étudié, classé, nous a révélé son poids, sa composition, son volume.

L'astrologie est la physionomie de l'astronomie;
elle nous permet de connaître l'influence des astres
sur la destinée humaine. Tout ce qui doit arriver,
dépendant du domaine des astres, est écrit dans
l'Invisible. Au contraire, quand une chose vient
du plan divin ou spirituel supérieur, elle n'est jamais
annoncée dans le plan astral qu'elle traverse brusquement sans formation de clichés. Donc aucun prophète, aucun voyant n'a pu apercevoir les inondations. De même, aucun astronome n'a examiné la
comète au point de vue de ce qu'il pourrait advenir
de la terre si celle-ci passait à proximité. Flammarion
dit qu'une comète n'a aucune influence sur l'atmosphère, mais d'autres savants ont soutenu qu'une
comète peut dégager des rayons X, avoir une influence
sur la vapeur d'eau et donner naissance aux inondations. L'année présente doit voir six comètes; il pourra
donc se produire d'autres phénomènes. Les comètes
ne sont pas dangereuses par elles-mêmes, mais elles
sont intéressantes par les influences qu'elles laissent
derrière elles. De plus, il y a une cause secrète à l'inondation. Paris, la ville consciente de ses lumières, se fiant
à la science de ses ingénieurs matérialistes, se moquait
du monde invisible. On a vu tout à coup la Séquana,
la Tranquille, la Seine enfin, éteindre tout à coup
l'électricité, le téléphone, le gaz; la nature a donné une
leçon brutale à la science des ingénieurs infaillibles.

Il en est toujours ainsi avec l'Invisible; il n est
jamais bon de s'en moquer. Notons qu'aucune voyante
n'avait prédit ces inondations, parce que leur conception venait du plan supérieur. Laissons chaque
chose en son plan et l'invisible diriger la nature
comme il l'entend. Si ces avertissements ne sont pas
entendus, d'autres plus terribles et aussi difficiles à
prévoir se produiront, à Paris même, avant la fin de
l'année.

XIX (publique)

Du caractère des humains : d'après leurs gestes. —
La détermination du caractère d'un être humain
d'après les gestes extérieurs fait l'objet d'une science
peu étudiée. Les Américains, gens pratiques, ont fondé
des écoles dans lesquelles ils prétendent procurer le
bonheur à tous leurs élèves. Ils partent d'un principe
excellent : le développement de la volonté. Cette question peut, en effet, avoir une grande importance dans
la vie. En France, les choses ne se passent pas ainsi.
L'homme, en général, n'étudie pas le caractère des
personnes avec lesquelles il est en relation. C'est à la
femme qu'est laissée le soin de déterminer le caractère
de l'être avec lequel elle va se marier; le fiancé ne
s'occupe pas de ce soin vis-à-vis de sa fiancée. Si, après
une causerie avec dix hommes, on demande au
dixième quel est le caractère des neuf autres; il n'en
sait rien. Une femme, au contraire, connaîtra celui
de chacune des personnes avec qui elle aura été mise
en rapport. L'homme, sortant d'un salon, ne peut
dire quels sont les meubles ou les tableaux qu'il a

remarqués; la femme saura toujours dire quels meubles il y avait et s'ils étaient à leur place. Un lutteur, un colosse répondra parfaitement : « Je ne puis faire cela, parce que ma femme ne le veut pas ». La femme est une petite personne qui a dompté le colosse. La femme a pour elle l'intuition, elle a instinctivement le sens de la divination du caractère. En général, les êtres humains ont deux caractères : un extérieur, de façade, l'autre intérieur, qu'ils ne montrent que chez eux. Ce dernier est le véritable. Il est donc utile de connaître ses contemporains. Dès l'antiquité, on faisait la synthèse de cette connaissance par le Sphinx d'Égypte. Lorsqu'on demandait le summum des connaissances, on montrait le Sphinx à tête d'homme, à corps de taureau, à griffes de lion et à ailes d'aigle. Ces quatre animaux représentent en effet les quatre caractères de la race humaine. Ils correspondent également aux quatre races qui se sont succédées dans l'antiquité : blanche, noire, rouge, jaune. Un poète a dit que l'homme avait toujours dans son cœur un animal qui sommeillait. Trois animaux peuvent se reconnaître dans l'homme : l'instinct, représenté par le *bœuf*, la passion, représentée par le *lion*, le jeu, représenté par l'*aigle*. Ces symboles sont importants. La parole divine l'a révélé dans chacun des caractères humains. La forme d'un animal a été donnée à chacun des quatre Évangélistes, des quatre révélations de la parole du Christ.

Cette digression était nécessaire pour déterminer les caractères. L'être humain a quatre façons de se produire d'après la physionomie : le volontaire ou entêté, le nerveux ou mélancolique, le sanguin ou actif, le lymphatique ou paresseux. Le *bœuf* symbolise le bon tranquille, le propriétaire campagnard, pessimiste, content de son sort, c'est un lymphatique. Le soldat, pressé, actif, sanguin, volontaire, dominateur, c'est le *lion*. Le poète, l'imaginatif aux traits tirés, c'est le nerveux, le méditatif, l'*aigle*.

Pour reconnaître chacun de ces caractères, il suffit de regarder la main. Prenez une feuille de papier, posez-y votre main et auprès d'elle, la main de la personne à juger. Si votre main sur le papier paraît noire, la deuxième main n'aura pas la même couleur ; si elle est rouge, c'est le dévouement ; si elle paraît noire, c'est une nature bilieuse (comme la mienne, dit Papus) ; si elle paraît jaune, c'est une nerveuse. La peau blanche dénote la tranquillité d'une personne, qui ne se presse pas. La peau rouge indique l'activité, la décision, la rapidité ; la peau noire est celle d'un volontaire, d'un ambitieux ; la peau jaune, celle d'un nerveux, d'un timide, d'un rêveur, d'un imaginatif.

A quelle forme animale correspond le visage humain. Le Sphinx des Anciens s'est transformé, s'est modernisé : le taureau est devenu le générateur des bas instincts, c'est le porc. Au-dessus, ce n'est plus le lion, mais le *chien*, prêt à se dévouer. Le sanguin est rarement l'aigle, mais bien le *perroquet* qui a la voix, la mémoire surchargée de connaissances scientifiques ou autres et qui les débite sans intention de faire de grandes choses. Enfin, l'ange devient un sage, qui pense et agit comme son voisin, sans aucune initiative propre. Tel est le Sphinx moderne.

2° *D'après leur écriture.* — Le caractère des gens ressort également de l'écriture : *m*, 1 jambage plus élevé, caractère dominateur; *m*, contraire, esprit qui se laisse dominer facilement; *o* non fermé, caractère volage, confiant ou indifférent; *o* bien fermé, impénétrabilité, constance, attachement; *i* avec le point bien au-dessus, pondération, ordre; *i* avec point à droite ou à gauche, indifférence; *t* barre' droite, décision, *t* barre en l'air, ambition, orgueil; *t* barre tombante, manque de décision; *d* avec boucle bien fermée, simplicité; *d* avec deux boucles, suffisance, vanité; *d* sans boucle, dissipation, prodigalité.

On peut rattacher à cette question une autre science des plus intéressantes, l'histoire du jeu de cartes, du Tarot, parvenu jusqu'à nous par les Initiés et connu déjà des Anciens. Le jeu de cartes n'a pas été inventé sous Charles VI, comme on l'a dit. Les jeux de cartes chinois sont bien antérieurs; les Bohémiens s'en servaient déjà en Égypte treize siècles avant J.-C. Le jeu de cartes servait alors à enseigner l'astronomie.

Les Prophètes annonçaient déjà que tout allait crouler et que tout le monde allait être anéanti. Certains ont voulu sauver les écrits des Anciens, les feuillets d'or des Initiés. C'est à une phalange qu'a été confié le livre de la Science. Afin de mieux le conserver, un vieux prêtre a dit : « Qu'on le donne au vice plutôt qu'à la vertu, parce que les hommes vertueux se seraient fait tuer pour le défendre, tandis que les gens vicieux sont immortels sur la Terre ». On a donc pu ainsi conserver un livre, le Tarot, confié à des Bohémiens qui l'ont mis en pratique. Le Tarot est

un jeu qui contient tout ce qu'on a pu conserver de
la Science Antique. Les symboles expliqués par ce
jeu sont ainsi parvenus jusqu'à nous, bien que dé-
chiquetés et incomplets. C'est l'Histoire antique ra-
contée par nos voisins de droite.

XX

La prochaine séance des amis de Claude de Saint-
Martin aura lieu dans un nouveau local avec tenue
symbolique, sur présentation de leur carte. Une série
de cartes sont à la disposition des membres de la Société pour les invités aux séances publiques; ces cartes ne porteront pas les mots « Amis de Claude de
Saint-Martin ».

Le Symbolisme. « Chantecler » de Rostand. — Un
sujet qui a amené bien des discusssions est celle du
Symbolisme. Un exemple nous en est donné par la
nouvelle pièce de Rostand, *Chantecler*. Cette pièce a
surtout été discutée vivement par des personnes qui
ne l'avaient ni lue, ni entendue.

On discute toujours avec un parti pris évident
sur des sujets qu'on connaît très mal. Les raisons
qui poussent à dire du mal d'une pièce de théâtre
connue par oui-dire tombent devant les impressions
que chacun éprouve après lecture de cette pièce. Depuis Zola, le théâtre était devenu psychologique :
après avoir endossé un habit, ou une robe de soirée,
on allait voir jouer une pièce embêtante, qui se passait comme dans la vie réelle. L'impression ressentie
était celle exprimée par un homme de la campagne

4

écoutant la pièce, à qui on demandait ensuite s'il
l'avait trouvée intéressante, et qui répondait que les
acteurs parlaient de choses qui ne le regardaient pas.
Avec les pièces psychologiques, le vide s'est bientôt
fait dans la salle. Avec *Chantecler*, le monde revient
au théâtre, parce que l'idée de types psychologiques
a été remplacée par celles des symboles, Rostand a
fait une pièce savante, il a cherché à représenter sur
la scène des idées qui évoluent, des figurations de
types qu'on rencontre dans la vie, il est vrai, mais
avec un extérieur tout autre; il a tenu à enlever tout
caractère humain dans sa pièce, tout en représentant
symboliquement ces caractères humains. La portée
du symbolisme est celle du remplacement de quelqu'un par une image qui remplace ce quelqu'un
(symbole, remplacement, image, d'après l'étymologie
du mot).

Un cocher de fiacre se croit insulté et appelle le
passant : « Vieille tourte ! » — Pourquoi ? — Le passant a jeté un regard sur le cocher et celui-ci a fait du
symbolisme sans le savoir, il a comparé le passant à
une image. Ce langage symbolique est, du reste, bien
français ; il est même la caractéristique d'un peuple.
Bien souvent, cette injure, ce symbole reste incom-
pris des étrangers. Nous, Français, ne comprenons pas
toujours l'injure des autres peuples. En Angleterre,
un cocher (*cabman*) s'écrie : « Mauvais» (*evil*) ; on lui
répond : « Vous, sanglant, empoisonné, allez à l'enfer !»(*You, bloody, poisoned, go to hell*). Injure la plus
terrible que puisse dire un Anglais.

Les peuples du Midi ont des injures imagées.

Donc, le symbolisme consiste à prendie une qualité
et à représenter un être humain par cette qualité :
Vieille tourte signifie un aspect de l'être à qui on
s'adresse. Un cocher laid en rencontre un autre qui
lui dit : « Dieu ! que tu es laid, je voudrais que tu
meures ». La phrase n'est pas symbolique mais natu-
raliste. Rostand représente donc des qualités en
action ; il incarne ces qualités ou défauts dans un être
animal. Il y a divers symbolismes évoqués dans *Chantecler* : l'histoire du coq de ferme, très campagnard,
qui se figure qu'il fait lever le soleil parce qu'il
chante, sa conquête par une faisane, signifient que
l'homme ne fait pas de conquêtes, il est conquis et la
femme fait croire à l'homme qu'il a conquis. Le coq
est soumis à la faisane, à l'étrangère, venant de la
forêt, du pays de la liberté, qui tombe tout à coup
dans ce monde de gens aux habitudes étroites, qui
ont des idées reçues, comme dit Flaubert. On y voit
le chien Paton attaché, un merle, des poules, des
canards, voilà pour la ferme et derrière, au fond, la
forêt, où habitent les gens étrangers, qui font peur
aux gens de la ferme. Quand quelque chose les con-
trarie, les hommes cassent tout, font du bruit ; les
femmes sont plus douces mais plus méchantes. Cette
poule faisane, blessée par un chasseur, coquette, élan-
cée, arrive dans la cour de la ferme, voit le coq qui
commande, entourée de poules habituées à l'obéis-
sance (symbolisme de l'être dévoué) La faisane se
prend d'amour pour le coq ; le devoir du coq est de
chanter pour faire lever le soleil. Une idée fixe de
la faisane est d'empêcher le coq de chanter pour

voir si le soleil ne se lèvera pas. La faisanc use de stratagème (rosserie féminine) et parvient à empêcher le coq de chanter.

Les symboles humains qui apparaissent sont ceux du poète, de l'homme qui chante, en but dans la vie à toutes les embûches, à tous les ennuis ; le coq est en but aux pièges des oiseaux de nuit qui décident de faire tuer le coq pour l'empêcher de faire lever le soleil, dont ils ont peur. Il y a également une réception chez la pintade, chez la femme mondaine. A Paris, il y a des castes, des femmes du monde qui reçoivent certaines personnes et pas d'autres, castes qui s'accentuent de plus en plus. Il faut présenter aux invités quelque chose de nouveau, d'inédit, afin qu'on puisse dire : J'étais à la soirée de Mme Une Telle. Il faut donc présenter un singe savant dans ces soirées, dans ces sortes de music-halls. Des ennemis, des jaloux se soulèvent contre Rostand. En effet, un membre de l'Académie, est représenté par un paon, il dit des bêtises et tout le monde lui décerne du génie. Le paon a amené avec lui une série d'étrangers, de rastaquouères ; Rostand présente à cette soirée mondaine des coqs à deux têtes, à trois pattes, cochinchinois, etc., tous phénomènes et quand le vrai coq arrive, il dit au valet : « Annoncez simplement Le Coq ! » et les autres s'éclipsent. C'est une idée symbolique. Rostand a voulu être gai, a voulu faire des calembours, d'où sa déconvenue au milieu du pédantisme de ses auditeurs. La pintade pose, veut épater et annonce qu'elle a un orchestre tzigane, c'est-à-dire quelque chose qui sort de l'ordinaire. On ne peut raconter toute la pièce. Dans *Cyrano*, celui-ci ne reçoit jamais de volée, mais *Chantecler*, reçoit la volée. Dans son combat avec un vieux coq de combat, vieux ferrailleur, qui a tué déjà cinq ou six adversaires, et qui se met des lames à ses ergots, Chantecler est sur le point d'être tué, mais le vieux coq se coupe la patte avec son ergot-couteau et Chantecler n'est pas tué. La faisane emmène alors Chantecler en forêt, où on voit des lapins, où le rossignol se fait entendre. Tout est nouveau pour Chantecler, il entend le chœur des crapauds-critiques, qui, les jours suivant la première, se sont reconnus et ont fait siffler la pièce. Les crapauds disent à Chantecler : « Tu chantes bien, tu vas nous débarrasser du rossignol ! » Chantecler répond : « Mais son chant est très beau et vous êtes trop méchants. » Le rossignol meurt, les insectes viennent pour l'enterrer et un autre rossignol se met à chanter sur un arbre au-dessus de la tombe du premier. Finalement, le coq lâche sa faisane et retourne à son poulailler, mais pour sauver son coq qu'elle aime, la faisane le sauve d'une dernière embûche en se faisant prendre dans un filet pour aller vivre près de son coq. Chaque symbolisme est à signaler dans la pièce de Rostand. C'est la renaissance au théâtre des idées symboliques, des études curieuses et intéressantes qui ont trait au symbolisme.

Questions. — Pourquoi les prêtres se servent-ils du latin dans les offices ?

La religion catholique (universelle) se dit apostolique, parce qu'elle vient des apôtres, romaine, parce qu'elle a été établie à Rome au début. Donc, tout

membre officiel doit parler romain, c'est-à-dire latin ;
elle est, d'ailleurs, romaine, parce que saint Pierre
est censé avoir été le premier pape.

Lors de la Réforme, Luther, sentant l'importance des
offices, a voulu que ceux-ci se fissent dans la langue
du pays où la Réforme s'exerçait. Mais, parmi les
religions chrétiennes, il y a aussi la russe, l'ortho-
doxe, qui a gardé le pur symbolisme ; les mystères
de la religion symbolique y sont exprimés en russe
de même qu'ils sont exprimés en grec dans la Grèce.
Ainsi, la langue adoptée dépend de la classe supérieure
du pays où elle est adoptée.

Que sont les élémentals en occultisme ?

Les élémentals sont les âmes des animaux. Au concile de Nice, l'âme n'a été donnée à la femme qu'à deux
voix de majorité ; les animaux sont considérés comme
n'ayant pas d'âme ; on leur a accordé tout au plus de
l'intelligence. Pour nous, occultistes, un chien a une
âme qui évolue dans le plan astral. Dans l'invisible,
on trouve les âmes des végétaux et des minéraux ; ce
sont les élémentals. Certains magiciens utilisent les
âmes de ces élémentals. Les occultistes ont été accusés
de dire que l'être humain devient un animal dans
l'astral, dans l'Invisible, ce qui n'est pas vrai. Mais
les animaux dans l'Invisible sont des esprits.

Le Kamaronna est le fond de l'Invisible.

XXI

De l'art a'être heureux sur terre. — Le bonheur
existe dans les trois plans : physique, astral, divin.

Notre causerie de ce soir comprendra : 1 le bonheur
terrestre ; 2° des projections sur les dernières décou-
vertes des sciences psychiques. La première question est de savoir comment on peut réaliser le bonheur
sur terre. Nous avons la prétention de voir avec vous
comment on peut envisager cette question et la résoudre.

Nous avons vu comment s'opérait la Réincarnation ;
nous avons admis qu'on peut revenir sur terre et y
retrouver, soit le paradis, soit l'enfer. Supposons
aujourd'hui un être humain revenu sur terre. Pourquoi sommes-nous revenus sur terre ? Chacun peut
répondre à la question. Pour nous ennuyer le moins
possible ! L'être humain cherche, court après le
bonheur. Imaginons-nous un pauvre baudet fatigué,
qui n'en peut plus et refuse de marcher. Un voyageur,
pressé, a besoin du baudet ; il l'enfourche et place
une carotte devant le nez du baudet. Aussit t l'âne
marche.

Les Écoles philosophiques disent que le bonheur
offert aux hommes est représenté par cette ca tte.
Tous courent après sans jamais l'atteindre. Le bonl ur
est placé en dehors de nos contingences ; on ne pe t
y arriver. Donc, le mieux est de ne pas empoisonn
sa vie. Pour être heureux, il ne faut pas s'occuper d
bonheur des autres. Le bonheur est envisagé diffé-
remment par chacun de nous et la comparaison ne
ne peut qu'apporter un aperçu faux. Nous avons
déterminé le premier point, c'est-à-dire que tout est
analogue sur terre ; il faut d'abord rester sur le terrain
pratique. Le bonheur qui nous intéresse tout d'abord

est le bonheur physique. Chacun s'aborde avec les mots : « Comment ça va ? Et cette santé ? » Le corps se voit. Le bonheur pour le corps physique est de ne pas avoir d'histoires. Le corps est une machine qui marche au moyen d'organes et qui marche bien lorsque les organes vont bien. Lorsqu'on se blesse au doigt, la réparation se fait d'elle même, sans qu'on s'en occupe, par l'ouvrier caché, disait Paracelse. Quand tout marche bien, on n'en a pas conscience ; mais si, par une faute quelconque, on fait une erreur (trop manger, ou manger trop de viande, ou boire trop de vin), il y a alors quelque chose de dérangé dans la machine. Alors l'appel de la machine humaine à la conscience se fait par la douleur. L'individu s'adresse à lui-même ou à un médium (médecin) pour remettre les rouages de la machine en place. Mais la douleur seule nous intéresse ici : elle est accompagnée d'une contraction. Par contre, le plaisir, petit ou grand, se manifeste par une extension ou plutôt par une expansion. D'où, la recherche de cette expansion. Il n'y a pas de travail continu possible dans l'être humain. Les classes sociales réclament les 3×8 ; 8 heures de travail, 8 de repos, 8 de sommeil. Il en est de même pour le cœur ; le cœur se repose une fois et demie entre trois mouvements. Tout travail est alterné avec un repos ; rien sur terre n'est continu ; l'expansion n'est pas continue non plus, non plus le plaisir. Eugène Nuss raconte un voyage du Père Éternel dans le Ciel. Il arrive dans le monde éclairé par le Soleil et gouverné par un préfet de troisième classe, à qui il demande comment se comportent ses administrés. Le préfet répond : « Ça va mal ! Il y a cette petite planète, appelée Terre, qui nous fait enrager. Ils se figurent là-dedans qu'après la mort, ils vont tous venir auprès de vous pour jouer de la musique pendeux mille ans. — Fais-leur en jouer pendant deux cents ans, dit le Père Éternel, et ils en auront assez ». Donc le bonheur n'est pas continu.

Le bonheur astral est l'état dans lequel l'être vit pour plusieurs êtres, se dévoue pour d'autres êtres, tel l'amour filial, l'amour paternel, l'amour maternel, etc. Deux fiancés réalisent le bonheur parfait. Mais les nécessités de la vie forcent ces deux êtres à dormir ; il y a une interruption physiologique nécessaire. Ceci nous montre que pour cultiver le vrai bonheur, il faut sortir de l'égoisme : *pour le corps physique, le bonheur est la santé ; pour le moral, le bonheur est la gaieté ; pour le plan astral, le bonheur réside dans l'amour.*

Prenons le moral ; la gaieté est une qualité connue de la Touraine, où elle est cultivée, parce qu'on se porte bien et, qu'en général, on n'y a pas ou peu de préoccupations morales. La gaieté répand son charme sur ceux qui nous entourent, donc la gaieté est nécessaire pour se bien porter. Il y a bien les pédants qui disent le contraire, qui proclament qu'il vaut mieux se mortifier, voir tout en noir, mais il n'en est pas ainsi en Touraine, patrie de Rabelais et de Balzac, ces deux grands rieurs. Bien entendu, le bonheur moral est dans l'équilibre ; la gaieté doit se mesurer. Il est évident que passer sa vie à dire des calembours n'est pas être équilibré. Crions donc :

Vive le moment présent et ne nous occupons pas des autres. La Touraine est un pays envié par les êtres des autres pays ; sa tranquillité, sa sérénité, ne se trouvent pas ailleurs. Dans le Midi, par exemple, on rencontre des agités, des envieux. La deuxième qualité sur terre est de ne pas empoisonner son corps par le trop manger ; de même, on doit éviter l'empoisonnement de l'être psychique et moral par l'ennui et par l'envie. Pas un être n'est complètement heureux sur terre ; même les plus enviés ont des peines et des ennuis. Certains êtres humains placent le bonheur dans l'argent. L'argent est nécessaire mais ne fait pas le bonheur. Qu'on se rappelle la fable du Savetier et du Financier. Le riche est gêné pour conserver son argent au milieu des requins qui cherchent à le lui prendre. De là, des luttes, des batailles, des appels au pouvoir judiciaire. Le troisième point est de savoir où placer son idéal de bonheur. Tel père place le bonheur dans le développement de l'intelligence de ses enfants, tel vieillard place le bonheur dans la bonté, dans l'extériorisation de soi-même. Les dames seraient heureuses de ne pas vieillir ; elles ne vieillissent pas, en général, mais elles vieillissent quelquefois. En plaçant le bonheur dans l'âme de deux êtres l'un pour l'autre, l'âme ne vieillit jamais et on reconnaît là le rayonnement qui rattache au ciel. C'est là le vrai bonheur terrestre et même ultra-terrestre.

On a voulu montrer que le problème du bonheur est possible à résoudre. Le bonheur consiste à vivre le temps présent, et à placer le bonheur dans l'amour des autres. Telle est la solution vraie du problème.

Les Chinois sont peut-être les êtres les plus sages de la terre, ils font des concours de philosophie et donnent une somme d'argent à l'elu, au gagnant. pour aller se perfectionner chez les Barbares. Les Barbares, c'est nous, les civilisés. Le concours eût lieu une fois sur la question du Bonheur. Le meilleur candidat répondit que les Chinois n'étaient pas heureux parce qu'ils enviaient les autres hommes, et que le bonheur parfait n'existait pas sur la terre. Le rapport fait de son voyage dit qu'il a passé en Amérique, qu'il a vu les douleurs des pauvres qui végètent autour de la richesse. Il décrivit les États-Unis comme un immense baobab qui mange les petits végétaux éparpillés autour de lui. La fortune accumulée sur un petit nombre ne s'opère qu'en faisant des malheurs autour de ce petit nombre. De la France, le Chinois écrivit que c'était un pays intelligent, mais qui se croyait beaucoup. « Sur les routes de France, dit il, j'ai vu une grand'mère et sa petite-fille qui mendiaient. » — Donc, il ne peut y avoir de bonheur tant qu'il y aura des malheureux Ne nous concentrons pas en nous mêmes, cherchons, au contraire, à sortir de nous-mêmes par la lutte contre l'égoisme, par la lutte pour l'altruisme.

La deuxième partie de la conférence montre des vues photographiques des dernières expériences inédites faites sur le fluide vital ; différents objets métalliques se maintiennent seuls dans l'air sous l'influence des mains du médium placées à une certaine distance.

XXIII

Inauguration de l'emplacement de la loge dans les appartements du docteur Papus. Les réunions dans ce centre spécial auront lieu le deuxième samedi de chaque mois, sauf en août.

Le vrai médium doit être humble et modeste. — La différence essentielle qui existe entre le Martinisme et la franc-maçonnerie consiste en ce que nous recevons des femmes dans nos loges, tandis que la franc-maçonnerie ne les accepte pas. Les maçons considèrent la femme comme un être inférieur. De plus, le Maçon est matériel, tandis que le Martiniste est mystique. Il s'adresse à l'Invisible, au plan invisible et non au plan physique. Or, l'Invisible vient de manifester une recommandation, celle de faire échouer une campagne entreprise contre les médiums persécutés par certains savants matérialistes.

Sous l'influence des sociétés psychiques qui se développent de plus en plus, les sciences occultes ont fait un grand pas dans la recherche de la vérité. Certains savants sont effrayés des connaissances acquises et prétendent faire cesser ces réunions. Des sociétés de savants se sont formées pour détruire le spiritisme. Quand un médium est connu, on l'entoure, on le flatte, puis on l'étrangle en disant qu'il triche. Donc, j'ai reçu l'ordre de l'Invisible de communiquer la lettre suivante à un médium, dans lequelle l'Invisible lui indique la route qu'il aura à suivre. Cette lettre est à peu près conçue en ces termes : « Cher frère et ami. Te voilà devenu un médium, va, tu es encore modeste, tu sens que tu vas être le bien entre deux plans. Profites de cet instant de modestie pour te dire que tu vas manifester tes qualités devant un groupe ami et que des phénomènes vont se produire. »

« Mais un jour, un membre de la réunion a raconté au dehors ce qu'il avait vu, des intrus demandent à être témoins ; les séances sont moins bonnes. Malgré tout la renommée grandit ; des médiums désabusés arrivent et te critiquent. Ce sont des âmes tristes. Après quelques bonnes séances, l'orgueil t'envahit, tu crois sincères les éloges qui te sont adressés et tu écoutes les propositions des savants Sont-ce des Camille Flammarion, ces savants ? Non, ce sont d'anciens journalistes, d'anciens médiums n'ayant rien produit. Ils veulent démentir les véritables médiums et poussent la mauvaise foi à un point tel qu'ils te font dire le contraire de ce que tu sens. On te ficelle, on te torture ; il y a des phénomènes, le rapport apparaît, mais on t'accuse de truquer et les savants cherchent de fausses explications. Tu sens que tout est perdu et tu pleures. La voix de ton guide te dit : Pourquoi cet orgueil ? Pourquoi briser ton épreuve ? Seul avec nous, tu vas t'humilier et revenir au pauvre petit médium représentant l'Invisible, et tu prieras. »

Voilà la communication faite. Une autre communication est l'étude impartiale de la mauvaise foi de ces savants qui cherchent à assassiner psychiquement les médiums, M. Gustave Le Bon a fondé naguère un prix pour la démonstration du soulèvement des objets sans contact. Dès qu'un médium s'est présenté, il a cru devoir retirer son prix. Pour lui tous les phénomènes spirites ne sont qu'hallucination et jonglerie. Il a osé dire que le médium de W. Crookes avouait que W. Crookes mentait. La calomnie de Le Bon a été récoltée par certains journaux et c'est cette campagne contre laquelle l'Invisible dit d'agir. Nous n'y manquerons pas.

Questions. — Comment faire cesser l'envoûtement ? — Par une pensée commune à une certaine heure du mois, par une prière en commun.

Sur Claude de Saint-Martin. — On n'a pas eu occasion de causer de Claude de Saint-Martin ? La loge martiniste a eu pour fondateurs, Martinès de Pasqually, et J.-B. Willermoz. Saint-Martin est né à Amboise ; c'était un philosophe mystique de l'époque de la Révolution, noble, chevalier tellement pur comme esprit que le tribunal révolutionnaire crut devoir le grâcier. Officier du régiment de Foix, il a connu Balzac et son influence sur Honoré de Balzac fut très grande. Il fut inspiré par Martinès de Pasqually. celui-ci était un spirite très puissant ; il faisait apparaître douze apparitions en même temps. Deux de ses élèves, Saint-Martin et Willermoz, Lyonnais, sont parvenus au succès. C'est Willermoz qui organisa les loges martinistes. Saint-Martin était partisan de la doctrine de la transmission initiatique d'un homme à l'autre, de l'initiation individuelle au 3° degré. D'où, aujourd'hui, deux formes pour initier ; initiation en loge et initiation individuelle.

Saint-Martin était un officier philosophe. Arrêté par la Convention, il fut remis simple soldat et obligé à monter la garde auprès du Dauphin. Elu ensuite Élève d'Amboise à l'École Normale supérieure, il fut envoyé à Paris, où il fit un travail remarquable sur nos idées Il soutenait que les idées n'étaient pas innées, mais qu'arrosées par la sensation, elles se développaient dans le cerveau. Depuis cette époque, la filiation est simple : Claude de Saint-Martin a initié de Chaptal qui a initié Delage. Celui-ci a pressenti Camille Flammarion qui n'a pas accepté et s'est alors adressé à Papus, matérialiste endurci à cette époque, et qui, après avoir vu des apparitions, fut convaincu. Il existe aujourd'hui des loges dans toute l'Europe, l œuvre se propage de plus en plus. Nous reviendrons sur Claude de Saint-Martin, à propos de ses livres, dans des études ultérieures.

XXIV (publique).

C'est d'une façon inopinée que la causerie de ce soir aura lieu, attendu que rien n'a été préparé et que c'est par hasard que nous avons appris qu'il devrait y avoir une conférence (avis dans la presse).

Notez qu'une conférence spéciale aura lieu le 3e samedi de juillet avec projections et sujet, si possible, pour vous montrer des phénomènes magnétiques.

Sciences psychiques mises en application dans la littérature. — Nous parlerons aujourd'hui des sciences psychiques appliquées à la littérature. S'il est curieux, au point de vue philosophique, de suivre les sciences psychiques, il est plus curieux encore d'en connaître l'application dans la littérature. Dans l'antiquité, on traduisait la pensée par des faits imagés.

Pour les Initiés, il y avait la mythologie sacrée dans laquelle on montrait diverses cérémonies, la descente dans les lieux inférieurs, dans les enfers. C'était la science d'alors avant d'entrer dans les sciences psychiques. Plus tard, Ulysse évoque Tirésias ; Virgile décrit la descente aux enfers ; Apulée, au deuxième siècle de l'ère chrétienne, a décrit l'Age d'or, initiation aux mystères d'Isis. Au moyen âge, on trouve des sculptures allégoriques dans les bas-reliefs des églises. Le porche à gauche de l'entrée de Notre-Dame de Paris montre la Vierge Marie sous une forme allégorique. Les réunions paroissiales avaient lieu autrefois dans les églises : c'était en quelque sorte les réunions du conseil municipal. Les sculpteurs immortalisaient les personnes assemblées sous les traits de prêtres dans différentes postures.

Plus tard, vint le tour des philosophes. L'étude de Faust par Gœthe (connue, du reste, avant lui), reprise dans l'opéra de Gounod, se prête aux données philosophiques. Les idées concernant la philosophie ne sont pas amusantes de nos jours : autrefois, les Anciens racontaient l'histoire de Psyché ; les femmes sont curieuses, elles représentent l'âme humaine, avide de savoir. On avait défendu à Psyché d'ouvrir un coffret, parce que les mystères en sortiraient. Psyché l'ouvrit et elle eut à supporter les épreuves, les malheurs, les douleurs de la maternité, du désespoir, mais, en même temps, elle connut le moyen de surmonter toutes ses infortunes.

Le mystère de l'évolution de l'esprit peut être étudié dans Faust. Le livret de Garnier montre des choses psychologiques intéressantes. Gœthe, le génie allemand, était l'élève d'un alchimiste. A 18 ans, il avait chez lui un autel avec des bois odoriférants qu'il allumait chaque jour au moyen du Soleil, comme les anciens mages. Gœthe était un savant, un chercheur; devenu vieux, il connaissait la Magie, la Sorcellerie. C'était un esprit arrivé par la raison. Il était malheureux parce que le caractère du savant est d'être malheureux. Son histoire est celle de Faust au commencement de la pièce. La pièce représente philosophiquement la lutte entre l'Esprit, l'Ame et le Démon. Un poète a dit qu'il y a toujours un cochon qui sommeille dans le cœur de l'homme. On peut ajouter qu'il n'y a pas un, mais trois animaux dans l'homme : un être bon, à nature instinctive, qui cherche à satisfaire ses passions, guidé pourtant par la flamme féminine qui est en lui. Il y a également dans la pièce un cœur qui parle, c'est Marguerite qui a mis son âme entre les mains de Dieu. Son corps est soumis à la tentation, à la douleur, à la torture, mais son âme s'échappe et s'élève dans les régions éthérées. Un vieux commentaire de la Genèse dit que le premier homme étant endormi, une de ses côtes lui fut enlevée pour en faire la femme et qu'un peu de chair de la femme fut prélevée pour fermer l'ouverture faite à l'homme par l'enlèvement de la côte. C'est pourquoi il y a un peu d'intuition féminine dans l'homme. Donc, on trouve dans le livret de Faust, un esprit rationaliste, une âme intuitive et un centre d'attraction matérielle (Méphisto).

Pour nous, êtres humains, Méphisto est un personnage intéressant qui pousse vers son domaine tout
ce qui l'entoure. Donc, le docteur Faust invoque le
diable parce que, depuis longtemps, il ne connaît
plus Dieu. Étonné de voir répondre le diable à son
évocation, il répond à sa question : « Que me veux-
tu ? », par le mot : « Va-t'en. » Mais on ne dérange
pas Satan pour rien. Celui-ci insiste pour rester.
« Je veux la jeunesse », dit Faust. C'est la demande
de tous nos grands savants. Même de nos jours, soit
dit sans offense pour le respect dû à ses travaux,
Metchnikoff, lui même, poursuit cette chimère : trouver la jeunesse, reconstituer la jeunesse.

Faust, redevenu jeune, tombe amoureux, séduit
l'objet de sa flamme ; Marguerite succombe sous
l'influence des bijoux, ce qui fait dire à Forain : « Un
commerçant étant venu voir jouer la pièce restait si-
lencieux jusqu'à la fin. Comme on lui demandait ce
qui l'avait le plus intéressé, il répondit : Mais que sont
devenus les bijoux ? »

Marguerite, fascinée par les brillants, laisse de
côté les fleurs du pauvre Siebel. C'est l'éternelle histoire de la nature ; la prière à l'âme féminine, en lui
offrant des fleurs et des bijoux. L'amour s'éveille et
Méphisto brise le cœur de Faust qui sent que Marguerite l'aime trop. Faust s'en va ; c'est l'égoïsme humain, réalisé ainsi dans la nature humaine. Marguerite délaissée, devient folle et tue son enfant. Le ciel
montre alors qu'une âme qui lui appartient ne se
souille pas. Le corps de Marguerite est jeté au cachot,
mais son esprit illuminé s'en va dans le plan éthéré.

tandis que Faust descend dans le plan inférieur.

Cette histoire a servi de clef à l'auteur des Évangiles. Il y a un mot curieux dans les Évangiles, si on l'envisage au point de vue rationnel et non mystique. Ce mot est le suivant : « Je suis venu apporter la bataille et non la paix. » Cette expression est le Méphisto qui cherche à entraîner l'homme, qui l'incite à soutenir la lutte. Nous sommes des êtres compliqués, nous avons des instincts vitaux qui sont vils et bas.

Ces histoires sont immortelles parce que toujours vraies Il en est de même de l'histoire du petit Poucet qui nous arrive de l'Inde. C'est celle de l'être humain conduit par une faible lueur. La famille du petit Poucet se compose du père, de la mère et de 7 enfants dont Poucet est le septième. C'est un principe nutritif qui fait agir le plus petit. Le cocher est plus petit que le cheval et la voiture et cependant c'est le cocher qui fait tout marcher.

Le petit Poucet, le plus petit, monte dans l'arbre, allume la lumière et retrouve la route. Quand tous les calculs des mauvais nous ont abattus, une petite lumière vient du ciel et nous sauve.

Autrefois les récits imagés remplaçaient les récits arides de la philosophie d'aujourd'hui.

XXV

La grande conférence publique de samedi prochain roulera sur des scènes de Faust, avec développements magiques, projections de scène et gramophone chantant le livret, ainsi qu'une revue psychique du mois.

Calomnies sur les médiums. — Nous revenons aujourd'hui sur la question de la calomnie lancée par certains savants contre les médiums.

Les savants officiels ont nié les phénomènes psychiques, puis, devant les faits indubitables, contrôlés, ont été obligés d'admettre ces phénomènes. Ils ont pris ensuite le parti de démolir les médiums en disant qu'ils avaient triché. Les médiums vivants sont sujets à erreurs, mais les faits produits par W. Crookes ne peuvent être niés. Une infamie vient d'être commise. Quand on n'a aucun titre scientifique à sa disposition et qu'on veut être quelqu'un, on nie ce que les autres avancent, ou ce qu'on a vu soi-même. Tel le directeur des *Annales psychiques*, Devèze, qui a assisté à des séances, a vu des phénomènes, a dit « oui » devant Darget et Papus, et une fois dehors a nié, prétextant une hallucination. Un savant peut très bien nier un fait dont il n'a pas été le témoin, mais il n'est pas possible de nier après avoir constaté un fait physique. Si on raconte qu'une sardine a bouché le port de Marseille sans y être allé voir, on est un fumiste ; mais si on a réellement vu le phénomène, on est bien obligé de l'admettre.

Le Bon avait lancé un défi, offrant un prix de 500 francs à qui soulèverait un objet en plein jour sans contact. L'expérience a été faite vingt fois depuis, mais Le Bon a retiré son prix. Puis il a prétendu que le médium de M. Crookes, miss Cook, avait dit qu'il s'était trompé. Voilà la calomnie que Le Bon a publiée, sans avoir écrit à Crookes, sans se renseigner auprès de lui sur ce qu'il en pensait. Papus, lui, a écrit à Crookes pour lui demander si miss Cook l'avait trompé. Crookes a répondu par une lettre qui paraîtra dans *l'Initiation*. On a voulu faire passer Crookes pour mort, afin d'étayer plus fortement la calomnie, mais Crookes est bien vivant.

Crookes a déjà affirmé, en 1900, qu'il n'avait jamais été trompé. C'est lui qui a formé les premières apparitions, il est le premier à les avoir photographiées. Ainsi, on traite Crookes comme Jésus. Les Israélites ont prétendu d'abord que Jésus n'avait pas existé. Les Écritures ont fait la preuve indéniable de son existence Ils ont dit qu'il n'avait pas fait de miracles, etc., et ils ont été confondus. Il en sera de même pour les hommes de science qui veulent se faire remarquer par une négation systématique. On a fait passer Crookes pour fou. Depuis, il a fait des travaux curieux sur le radium ; donc il n'était pas fou comme on le prétendait.

Le commandant Darget lit une réponse qu'il a déjà fait paraître dans la presse en 1908 et qui sera de nouveau reproduite et complétée dans *l'Initiation*.

Questions. — Comment peut-on reconnaître un médium dans une société de plusieurs personnes qui ne se connaissent pas ? — Il suffit de donner un crayon et du papier à chacun des assistants; le médium trace des signes. Le moyen du docteur Boutin consiste à mettre les deux mains dans le dos, sur les omoplates. En retirant ensuite les mains le sujet suit,

Dans des réunions de ce genre, il ne faut pas poser de questions bêtes ; il ne faut pas d'êtres qui disent des bêtises, car on peut arriver à des accidents mentaux, surtout lorsqu'on est nombreux.

Ainsi, dans une réunion chez Mme Bablin, le jour des Morts, le docteur dit de penser aux morts. Il se produisit alors des apports, des attouchements froids et visqueux. Dès qu'on fit de la lumière, on aperçut des morceaux de cadavres, de suaires ayant appartenu à des morts physiques.

Alors que Papus voyait une matérialisation pour la première fois, il dit mentalement à une boule blanche apparue au plafond : « Si tu n'es pas une blague, viens me tirer la barbe? » La boule s'est approchée de sa figure, s'est formée en un visage et un buste et lui a tiré la barbe. Miller a fait apparaître un enfant de trois ans, qui a ri, chanté, puis a disparu.

Le médium Fabre de la Conciergerie avait un enfant dont le bras était coupé, qui éprouvait la sensation de se brûler les doigts, dit Darget.

Le docteur Gibier a dit à Papus qu'il avait soigné un ouvrier à qui il avait dû couper la main. Après l'accident, l'ouvrier se plaignait de sa main coupée, comme si elle était traversée par des clous. Le chirurgien fit rechercher la main qui avait été enterrée dans une boîte fermée avec des clous, dont deux traversaient la chair coupée.

Darget dit de ne pas jeter dans le feu les excréments des enfants, parce que l'enfant peut ressentir l'apport astral qui subsiste entre les ordures et le corps de l'enfant, et en éprouver de la douleur.

Après certaines séances, Mme Bablin crachait du sang pendant quinze jours. Ce médium commençait la séance par tricher, surtout lorsqu'il y avait un invité, inconnu d'elle ; mais ensuite, sûre de son public, elle donnait de très belles séances. Un attaché d'ambassade avait perdu sa femme qu'il aimait beaucoup et qui était enterrée à Melun, dans un parc privé. Mme Bablin, sollicitée par lui, vient à son domicile à Paris, s'endort, et aussitôt un paquet de fleurs tombe sur la table (apport). A la lumière, on reconnaît les fleurs rares des pays exotiques, violemment arrachées d'un bouquet. Le mari prend aussitôt le dernier train de nuit pour Melun, se rend sur la tombe de sa femme et contrôle que les fleurs qu'il a apportées ont été arrachées d'un bouquet qu'il avait mis lui-même sur la tombe.

Un directeur des Postes de Montréal, magicien, cherchait des trésors pour les donner aux hôpitaux. Un jour, il trouve un pot de terre plein de crottes de bique ; il l'emporte, éprouve plusieurs accidents en route, et, arrivé chez lui, il trouve le pot plein de pièces d'or.

Une personne avait acheté une ancienne abbaye où, prétendait-on, un trésor était caché dans un cercueil de plomb. On fait des fouilles très coûteuses, et on trouve le cercueil, on le touche, on le palpe, mais chaque fois qu'on veut s'en emparer, le cercueil s'enfonce sous terre devant tout le monde ; une pioche s'enfonce dans le plomb et se casse net. Le cercueil disparaît.

XXVI

Faust ; effets magiques. — La conférence de ce
soir est un sujet d'été, faite pour ne pas fatiguer l'auditoire et pour reposer le conférencier. Papus a choisi
le chef d'œuvre de Gœthe, Faust, moins connu en
France qu'en Allemagne, où nous ne connaissons
que l'adaptation intéressante de l'opéra de Gounod.
On se rendra compte ainsi de l'idée maîtresse de
l'œuvre ; on verra comment elle se rattache à nos
idées magiques.

Tout d'abord, le rideau se lève sur le côté vulgaire,
exotérique, du personnage. Faust, vieillard, savant
officiel de son temps, seul dans son cabinet de travail,
s'avoue que la connaissance des sciences ne conduit
qu'à la vanité ; il ne croit plus à rien. Cependant une
idée persiste, s'il ne croit plus à Dieu, il a un doute
sur l'existence du Diable. Pour voir s'il existe, il
prend un livre de magie, fait quelques évocations et
voit apparaître Méphistophélès, qui lui demande de
lui livrer son âme en échange de la jeunesse de
l'amour. Faust accepte, et sous l'influence de Satan,
séduit une jeune fille qui devient folle, tue son enfant et est jetée en prison. Au moment où Méphisto
croit avoir fait coup double, avoir entraîné deux
âmes dans les enfers, l'âme de Marguerite s'envole
au ciel, tandis que celle de Faust descend aux enfers.

Les êtres physiques ont en eux trois principes : un
principe matériel sur lequel Satan peut exercer son
pouvoir, un principe raisonneur, qui veut tout con-

naître, qui arrive à nier toutes les connaissances, et enfin une partie féminine qui est l'idéal divin.

Les histoires mystiques, comme celle de Faust, ne peuvent être écrites par une femme, mais bien par un homme qui y a introduit le principe féminin. Ainsi donc, nous sommes en présence de trois forces : la raison représentée par Faust, le destin représenté par Méphisto et enfin l'étincelle divine qui existe sur chacun de nous, qui fait que nous pleurons pour les autres, c'est Marguerite.

Dans le prologue de Gœthe, Méphisto se présente devant Dieu et lui demande la permission de tenter l'âme de Marguerite ; Dieu le lui permet, sachant bien qu'à la fin, cette âme sera tout de même sauvée.

On va développer chacune de ces scènes devant vous et vous montrer que la magie ne perd jamais ses droits. Au premier acte, Faust étudie dans son cabinet de travail et s'écrie : « En vain j'interroge en mon ardente veille... Je ne vois rien. Je ne sais rien. Encore un jour qui luit. O mort ! quand viendras-tu m'abriter sous ton aile ? » Le gramophone donne une traduction musicale de cette première idée.

Mais le personnage de Faust ne serait pas complètement représenté si, après avoir rempli de liqueur empoisonnée la coupe de ses aïeux, il ne maudissait pas tout ce qu'il y a de beau sur la terre et ne s'écriait : « A moi ! Satan, à moi ! » Le gramophone rend cette pensée. L'Invisible apparaît à Faust qui l'a demandé et qui, étonné de le voir apparaître, ne veut déjà plus voir Satan et lui dit : « Va-t'en ! »

Beaucoup d'hommes de science, émus par les faits psychiques qu'ils ont constaté, font de même. Quand l'apparition sollicitée vient, leur étonnement se traduit par une rage épouvantable et ils lui disent : « Va-t'en ! »

Mais les forces inconnues ne s'en vont pas comme cela, Méphisto connaît le cœur humain ! « Fi, est-ce là ta reconnaissance ? Fallait-il me faire venir d'aussi loin pour me mettre ensuite à la porte ? Regarde ! » et il montre à Faust l'apparition d'une jeune fille. Faust s'écrie : « Donne-moi la jeunesse ? » C'est la nature humaine. Metchnikoff, de nos jours, poursuit cette chimère ; rendre jeunes les vieillards.

Voilà Faust redevenu jeune homme ; il va retrouver les étudiants, au milieu desquels Méphisto fait quelques tours de prestidigitation et chante la ronde du Veau d'Or, reproduite par le gramophone. Papus ne peut tout reproduire. Il y a l'acte de la magie de l'amour. L'être féminin a toutes les qualités, sauf un petit coin de faiblesse, la puissance qu'a l'amour sur la femme. Marguerite, jeune fille très sage, reçoit néanmoins les bouquets du pauvre Siebel, Mais Faust arrive en séducteur, inspiré par Méphisto. « Ne permettrez-vous pas, charmante demoiselle, qu'on vous donne la main ? » Marguerite se sauve. Le pauvre Faust dit à Méphisto : « Elle m'a envoyé promener. — Tout va bien », répond Méphisto. Celui-ci envoie des bijoux à Marguerite. L'amour féminin s'exalte alors. Cet acte mériterait à lui seul une conférence complète.

Voici la romance de Faust, chantée par Carusso.

C'est une nouveauté du gramophone. Carusso a touché une prime de douze mille francs pour l'avoir chanté devant l'appareil, pour son *ut* de poitrine exceptionnel. Il est bon de rappeler ici que Gounod a vendu son œuvre cinq mille francs à son éditeur qui, pour sa part, en a retiré deux millions. La pureté du chant de Carusso est reproduite avec une fidélité étonnante.

L'acte suivant où les passions se heurtent n'est pas moins beau. Le frère de Marguerite revient de 'a guerre (chœurs des soldats), se bat en duel avec Faust, est tué par traîtrise de Méphisto, et avant de mourir maudit Marguerite. Celle-ci, délaissée par ses compagnes, se rend à l'église où Méphisto, caché dans un pilier, lui crie : « Souviens-toi du passé. » Marguerite s'évanouit, puis est jetée en prison pour avoir tué son enfant dans un moment de folie, puis vient la vision de l'âme de Marguerite remontant vers Dieu, tandis que Faust arrive trop tard pour la sauver. Le gramophone reproduit le fameux trio du dernier acte.

Les projections viennent à l'appui de la musique pour mieux faire comprendre l'œuvre de Gœthe et laissent l'auditoire sous le charme de cette magnifique conférence.

XXVII

(*Novembre.*) Nous ouvrons aujourd'hui, dit le docteur Encausse, une nouvelle année d'études publiques des sciences psychiques. Nous allons nous efforcer d'étendre le champ des conférences de l'an dernier ; nous ferons quelques conférences avec expériences

intéressantes. Aujourd'hui, nous allons expliquer ce
que c'est 'qu'un médium. Je vous rappellerai, tout
d'abord, que tous ceux qui s'occupent des questions
psychiques passent pour fous, et ils ont toujours été
traités comme tels à travers les âges. Mais aujourd'hui,
ces questions peuvent être considérées comme scientifiques. Pour arriver à désarmer la malveillance,
nous montrerons que ces questions sont aussi scientifiques que la chaleur, l'électricité, l'aviation, etc.
Des savants comme Crookes, Aksakoff, etc., ont étudié les questions psychiques et ont fait faire un
grand pas dans l'étude de ces questions. Ainsi, parlons des maisons hantées. Une personne voit tout à
coup les meubles de son appartement remuer sans
cause visible, les piles d'assiettes tomber à terre, les
vitres se briser ; des bruits se faire entendre sans
qu'on sache d'où ils proviennent. Les âmes simples
attribuent ces phénomènes aux esprits ; mais les
hommes de science ont découvert qu'une personne
nerveuse se trouvait dans le voisinage, un sujet venait
en aide à la production de ces phénomènes. Lorsqu'on a voulu sauver la France, sous Charles VII,
l'opération s'est faite par l'intermédiaire de Jeanne
d'Arc et, des guerriers dynamisés de psychisme par
Jeanne d'Arc. Un médium est donc un intermédiaire
entre plusieurs plans, un intermédiaire entre le plan
visible et le plan invisible.

Il y a des médiums inconscients : la jeune bonne
qui, dans une maison hantée, voit ses casseroles frap-
per contre leur support, ignore qu'elle est elle-même
médium.

Une jeune fille voit sa mère en apparition et l'entend lui parler; elle ignore qu'elle est médium.

On peut aujourd'hui examiner scientifiquement ce que c'est qu'un médium. L'être humain est semblable à un jardin ensemencé avec des graines; il suffit de faire germer ces graines dans l'être humain. Pour Claude de Saint-Martin, la vérité, placée entre deux sensations, va faire germer ces graines. On arrive donc à la médiumnité par l'exercice. Cependant toutes les sociétés tendent à empêcher le développement de ces facultés : un enfant voit un vilain diable dans ses rêves; on lui dit de se taire, de ne pas parler de ces choses-là.

C'est un tort, car ces facultés pourraient lui être utiles plus tard.

L'intuition permet de sentir à distance si les gens aimés sont heureux ou malheureux. Pendant les fiançailles, l'un des fiancés sent si l'autre est heureux ou non, même à de grandes distances l'un de l'autre. Nous ne parlons pas, bien entendu, d'un mariage de raison, qui est une punition infligée à ceux qui préfèrent l'argent à l'amour éternel.

Il arrivera un moment où on développera ces facultés dans des écoles. L'être heureux possède un pouvoir rayonnant qu'il peut utiliser. Une maîtresse de maison conserve un poisson pour le repas du lendemain.

Dans la nuit, on peut voir ce poisson dégager de la lumière, lumière due aux émanations de phosphore et d'hydrogène qui se dégagent du poisson. La même chose se passe dans les endroits où se trouvent des matières en décomposition : ce sont les feux follets.

Nous possédons tous cette matière. Si nous avons la patience de rester deux heures tranquilles, dans l'obscurité et que nous regardions nos doigts, nous les apercevons lumineux, ainsi que les fleurs, les plantes qui peuvent se trouver dans l'appartement.

Ces études ont été poursuivies de nos jours par de Rochas, Richet, Durville. Dans l'obscurité, un être humain dégage de la lumière et même une force, force qui a la faculté de remuer une sonnette à distance. Des expériences ont été faites pour démontrer l'extériorisation de la motricité. Il ne s'agit là ni de folie ni d'hallucination. On a remplacé dans ces essais, le cerveau humain par la plaque photographique. Si l'œil humain peut être halluciné, l'appareil photographique n'est pas hallucinable. On a donc photographié des apparitions.

Certaines personnes ont alors prétendu que ces faits étaient truqués, que la plaque photographique était truquée. La réponse scientifique consiste à réfuter ces assertions par l'expérience. Les savants qui s'occupent de ces questions sont arrivés à démontrer que les photographies sont bien positives. On a ainsi constaté qu'un sujet endormi produit une force qui a été photographiée.

Ainsi donc, un médium est tout sujet qui pendant le sommeil, ou à l'état de veille, produit des phénomènes psychiques ; Un médium à matérialisation est celui qui peut développer des forces qui peuvent agir à distance ou se manifester de toute autre manière.

Ces études progressent tous les jours comme les

autres branches de la science, électricité, magnétisme, motricité dans l'air, sous l'eau, sur route, etc.

Les principales photographies qui représentent l'état actuel des sciences psychiques sont ensuite développée devant les spectateurs. On voit successivement les photographies de Julia, journaliste, W Stead et le bureau Julia; une scène de psychisme par Apollonius de Tyane, une autre chez les Mongols (animaux soulevés), une apparition plusieurs fois renouvelée dans une famille de Naples, un objet suspendu entre les mains d'un médium, sans contact; l'apparition du capitaine Benton auprès de Miller; une plaque photographique sur laquelle la figure du sujet est couverte de points noirs, photographie obtenue quelques jours avant que la personne soit atteinte de la petite vérole, c'est-à-dire avant que les boutons apparaissent visibles à l'œil nu.

L'étude de ces sciences de demain, favorisées par l'attrait du mystère, sera poursuivie dans les causeries mensuelles à suivre.

De chaleureux applaudissements prouvent au conférencier toute la sympathie qu'il inspire à son auditoire et avec quel intérêt sa parole est goûtée.

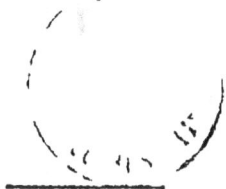

SOCIÉTÉ
Philosophique ❧ ❧ ❧

❧ ❧ ❧ et Psychique

DE TOURS

(Les Amis de Saint-Yves)

❧ ❧ ❧

Reçoit les adhérents chez MM.

DENIS

64, Rue George-Sand. — TOURS

GONIN

Rue de la Fuye. — TOURS

POULET

Rue de La Riche. — TOURS

SPÉCIALITÉ de RILLETTES de TOURS

CONSERVES ALIMENTAIRES

Ancienne Maison COURTOIS

A. CHEVALIER, Succ^r

CHARCUTIER

17, Avenue de Grammont, 17
TOURS (Indre-et-Loire)

Pâtés de Gibiers, Volailles et Foie gras

SAUCISSONS DE LYON ET D'ARLES

JAMBONS

TRUFFES FRAICHES ET CONSERVÉES

Beurre, Œufs, Volailles, Gibiers

Tous les Samedis, *TRIPES à la mode de Caen*

EXPÉDITIONS

6

CABINET

Des Drs F. CHAUVET Père et Fils

TOURS — 14, rue Balzac, 14 — TOURS

REMPLAÇANT :

DR GÉRARD ENCAUSSE
De Paris

Mercredi et Samedi, de 9 h. du matin à 5 h. du soir;
Dimanche, de 11 h. à midi ; Lundi, de 9 h. à midi.

| TÉLÉPHONE : 2-24 |

Le Docteur Fernand CHAUVET, appelé pour plusieurs mois à l'étranger, a choisi pour le remplacer pendant son absence, le Docteur Gérard ENCAUSSE, de Paris.

Étant donné le nombre croissant des malades venant consulter au Cabinet, le Docteur ENCAUSSE consultera personnellement le Samedi de 8 h. 30 du matin à 5 h. du soir et, en plus, le Dimanche matin de 11 heures à midi et le Lundi de 9 heures à midi.

Il assurera soit personnellement soit au moyen de ses remplaçants de Paris la consultation du Mercredi de 9 h. du matin à 5 h. du soir. Quand cela deviendra nécessaire la consultation du Jeudi sera également assurée.

Les malades seront ainsi certains de trouver au Cabinet Chauvet les traditions homœopathiques des Docteurs CHAUVET Père et Fils et du Docteur ENCAUSSE.

La consultation du Dimanche matin a été organisée à la demande de beaucoup de clients, employés pendant la semaine.

16, Rue Rodier, 16
PARIS

MAISON MÉDICALE

(Autorisée par arrêté préfectoral du 12 août 1880)

ABSORPTION CUTANÉE DES MÉDICAMENTS

D'après les Procédés Louis ENCAUSSE

Traitement spécial des rhumatismes chroniques, de la sciatique, des maladies de foie et de l'eczéma. — *Alcalinisation rapide de l'organisme.*

Inhalations de vapeur médicamenteuse et d'ozone. — *Antisepsie de la gorge et traitement des bronchites.*

Traitement spécial pour *maigrir progressivement sans rides.*

La Maison Médicale est organisée pour remplacer par son traitemement le séjour dans une ville d'eau.

La Maison Médicale est gérée par la Société civile ENCAUSSE et Cie. Deux Docteurs, des Maîtres Masseurs et des Infirmières sont attachés à l'Établissement.

Ouvert tous les jours, de **9** h. du matin à **9** h. du soir.
Dimanches de **9** h. à **midi**.

GARAGE
CHASSELOUP

27, Rue Armand-Rivière

TÉLÉPHONE 5-28   TOURS

✦ FOSSE ✦

Vente et Réparation de Vélos, et d'Autos de toutes marques.

〜〜〜〜〜

SEUL REPRÉSENTANT
des Cycles, Motos et Autos F. N. d'HERSTAL

TRAVAUX A FAÇON SUR PLANS

BUREAUX : 28, rue Danton - TOURS

TRAITEMENT NOUVEAU

de

Toutes les Maladies des Animaux

FIÈVRE TYPHOÏDE, APHTEUSE, COLIQUES ET AUTRES MALADIES

Régime spécial contre l'avortement, Vaches, Juments et autres animaux

Plus de Chevaux
— boiteux —

Plus de Chevaux
— claqués —

Plus de Sureaux

Plus de Formes
et

Plus d' Ostéites

Sont tous guéris

Par le MASSAGE RATIONNEL, rapide et économique (Succès assuré)

Lucien DENIS

Professeur-adjoint de l'École supérieure libre
des Sciences médicales appliquées (Section Vétérinaire)
Masseur diplômé de l'École de Paris.

64, rue George-Sand, 64 — TOURS

TÉLÉPHONE 3-01

M DENIS reçoit les Lundis et Vendredis de 1 h à 8 h,
et les Mercredis et Samedis de 9 h à 4 h.

TRAITEMENT PAR CORRESPONDANCE

HERNIES - VARICES
Bandages
sans ressort et tous modèles spéciaux
CORSETS ORTHOPÉDIQUES

BRAYERS de TRAVAIL
depuis 2 fr. 50

SANGLES

CEINTURES VENTRIÈRES
depuis 5 francs.

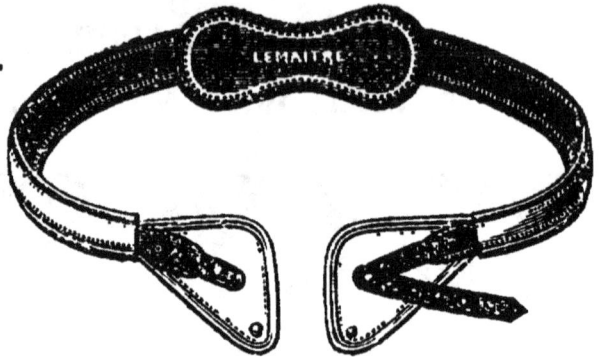

Bandage double crémaillère.

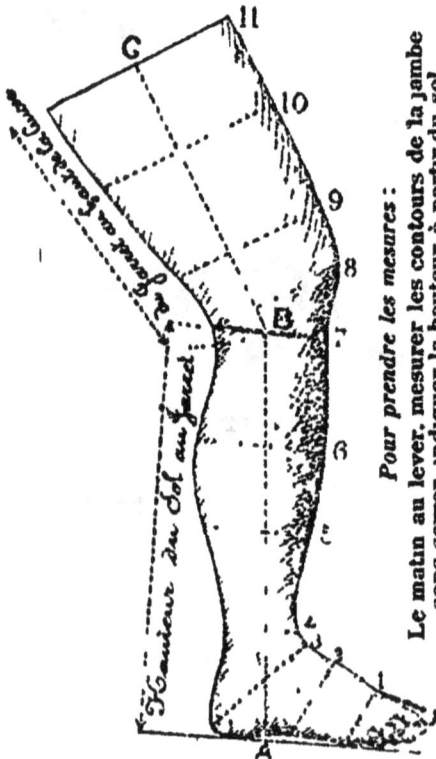

Pour prendre les mesures :
Le matin au lever, mesurer les contours de la jambe
sans serrer, indiquer la hauteur à partir du sol.

Il est dangereux de se confier à de soi-disant spécialistes **sans diplôme**, et n'ayant aucune notion anatomique des organes qu'ils prétendent soigner.

Les Médecins ont seuls les **connaissances nécessaires** pour conseiller les **hernieux** et leur appliquer les appareils indispensables.

Le Docteur **AUGIS**, à Tours, s'occupe spécialement du **traitement des hernies**, il a sous la main tous les systèmes de bandages les plus perfectionnés, appliquant à chaque cas l'appareil nécessaire.

Bas à varices depuis 4 fr.

Docteur AUGIS
103, rue des Halles
TOURS
Consultations de 1 heure à 4 heures

BOIS DE CHAUFFAGE

Maison Théodore THÉRODE

PÉANNE, Succʳ

5, Rue Henri-Royer, 5

Près le nº 23 de la rue de Châteauneuf

TOURS

CHARBONS ANGLAIS ET FRANÇAIS

ANTHRACITE

OVOIDES CARDIFF, ANTHRACITE

CHARBON DE BOIS

Briquettes perforées

COKES DE GAZ

Rondins de chêne. — Calots

COTRETS DE CHÊNE PARÉS. — PELARD

Fourrées de chêne et d'allumage

Fagots de Copeaux chêne et bois blanc

POMMES DE SAPIN. — LIGOTS RÉSINÉS

LEÇONS PARTICULIÈRES

de Lettres, Mathématiques
et Sciences naturelles

Préparation spéciale

**Pour tous les BACCALAURÉATS SCIENTIFIQUES
et les ÉCOLES du GOUVERNEMENT**

Cours spéciaux pour Élèves en retard, les dispensant de redoubler leur classe.

Excellente pension de famille pour Élèves Français et Étrangers

CHAMBRES CONFORTABLES

Exercices de conversation et Leçons de français absolument gratuits pour MM. les Etrangers.

MASSAGE HYGIÉNIQUE
ET
MÉDICAL

Suivant ordonnance de MM. les Docteurs

❖ ❖ ❖

JULES GONIN

Manucure, Masseur

Diplomé de l'École supérieure libre ══════
══════ des Sciences Médicales appliquées

━━━━ ❖ ━━━━

VISIBLE

les Lundi, Mercredi, Jeudi et Samedi

de 1 heure à 4 heures

TOURS — 11, rue de la Fuye, 11 — TOURS

Menuiserie, Ébénisterie

Sculpture & Incrustation

Diplômes d'Honneur, PARIS 1900, CANNES 1900

Fˣ PICARD

172, Rue du Cluzel et 10, Rue Desaix

TOURS

(Indre-et-Loire)

RÉPARATIONS

& REVERNISSAGE

De Meubles Anciens et Modernes

STATUES EN BOIS & TRAVAUX RELIGIEUX

LA TISANE DE MARS
Procédés POULET

Régularise -
- - le sang
Chasse - - -
- - - la bile

*Produit sérieux
préparé par nos soins*

La boîte 1 25 Poste 1 50

❧

GRANDE

HERBORISTERIE

médicinale

Poulet — Tours

❧

TRAITEMENT DES HERNIES
par la méthode POULET
Inventeur de l'INÉDIT
Bandage sans ressort

Quelle que soit la profession exercée, l'Inédit permet aux malades de se livrer à leurs occupations habituelles en toute sécurité sans gêne ni fatigue.

DEUX DAMES sont à la disposition des clientes.

Madame POULET, sage-femme, consulte de 1 h. à 3 h.
Téléphone : 6.58

Librairie Th. TRIDON

49, rue Nationale, 49 - TOURS

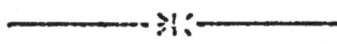

---- >|< ----

DÉPOSITAIRE des OUVRAGES RECOMMANDÉS
par M. le Docteur ENCAUSSE

St Yves d'Alveydre. Mission des Juifs	**20** fr.
Papus. Traité élémentaire de Science occulte . . .	**7** »
— Spiritualisme et Occultisme	**2 50**
Flammarion. L'Inconnu et les Problèmes Psychiques	**3 50**
— Les Forces naturelles inconnues . .	**4** »
Léon Denis. Après la mort	**2 50**
— Problème de l'Être et de la Destinée .	**2 50**
— J anne d'Arc médium	**2 50**
Darget. Enregistrement des Effluves . .	**0 50**
Sedir. Le Devoir spiritualiste	» »

Les ouvrages énoncés ci-dessus sont expédiés FRANCO contre mandat adressé à la " Librairie Tridon" à Tours.

ABONNEMENT SANS FRAIS A LA REVUE " L'INITIATION "

La Librairie TRIDON est à la disposition de s s Clients pour tous renseignements bibliographiques.

GRANDS VINS - - - - DE VOUVRAY

du domaine de l'Auberdière

Comprenant les 1ers crus classés

du clos du Bourg, de la Barre, de l'Auberdière, etc.

Maison fondée en 1876

Ch. VAVASSEUR o.&Q

Propriétaire-Viticulteur

VOUVRAY

Adr. télég. : VAVASSEUR-VOUVRAY   — — —   Téléphone VOUVRAY-10

Vins en cercles et en bouteilles - Vins nature

GRANDS VINS MOUSSEUX

Envoi franco du Prix courant

23 3 11 - Tours, imprimerie E. Arrault et Cie

TOURS, IMPRIMERIE E ARRAULT ET Cie

www.ingramcontent.com/pod-product-compliance
Lightning Source LLC
Chambersburg PA
CBHW052059270326
41931CB00012B/2822